«Un libro verdaderamente bello, escrito por mi español preferido. Estas páginas están repletas de alegres rayos de inspiración y pura delicia.»

JAMIE OLIVER

JOSÉ PIZARRO

CATALUÑA

Una aventura gastronómica

cincotintas

Este libro está dedicado a Peter, por su enorme ayuda en diversos aspectos, pero especialmente por su colaboración a la hora de encontrar platos y localizaciones, que resultó crucial.

Les doy las gracias también a mis padres, a mi hermana Isabel, a mi hermano Antonio, a mi cuñada, María José, y a mis sobrinas y sobrinos, Carmen, Juan, Marina, Cristina y Antonio: siempre habéis estado a mi lado y os quiero a todos.

ÍNDICE DE CONTENIDOS

Introducción

Cataluña es bellísima. La he visitado muchas veces a lo largo de los años y una cosa es segura: cuanto más voy, más me enamora este lugar y sus gentes. El trabajo de documentación para este libro me ha permitido familiarizarme más con la particular diversidad y riqueza de sus reses, sus productos del mar y sus maravillosas aves. Con este libro, deseo compartir algunos de los tesoros gastronómicos de la región porque son gemas culinarias, y los alimentos, al fin y al cabo, son para compartirlos.

He viajado de Rosas, en Gerona, a Balaguer, en Lérida, de Villafranca del Panadés, en Barcelona, a San Carlos de la Rápita, en Tarragona. Mis viajes han consistido en visitar viejos amigos, además de conocer a gente y hacer nuevas amistades, personas que nos abrieron gustosamente las puertas de sus hogares y sus corazones. He descubierto y aprendido mucho acerca de las ciudades y los pueblos mientras se me desvelaban secretos culinarios (¡no todos revelables!). Cataluña posee una historia fascinante que incluye luchas políticas y sociales para conservar su singular identidad, y una rica cultura y legado. Resulta inspirador el hecho de que a menudo los tiempos más difíciles son los que parecen haber ido fortaleciendo su determinación, y han logrado que su legado sea incluso más importante y más querido. Cataluña es un lugar en que los visitantes suelen decir que se sienten «como en casa». Un lugar donde uno se siente bienvenido.

En esta obra, espero haber capturado algo de los sabores esenciales que se hallan en la gastronomía catalana; y, cuando pruebe alguna de las recetas, mi deseo es que usted también comparta el disfrute de los platos que, para mí, son reflejo del espíritu de la cocina catalana tanto tradicional como contemporánea.

Una cosa que me encanta es que, en su cocina, los catalanes nunca han perdido las raíces culinarias: ciertos aspectos de las recetas o las preparaciones se remontan hasta el medievo. Existen platos asombrosos que aúnan fruta seca y carne, mezclan carne con marisco, y emplean las especias astutamente de formas diversas. En la cocina catalana, se acostumbra a mirar de manera sana hacia la historia, algo que me entusiasma: en la comida, vemos que este pueblo se siente orgulloso de su identidad cultural y su historia, y le gusta ser quien es y de donde es. Cuando pruebe alguno de los platos del libro, espero que también perciba la creatividad que se ha transmitido de generación en generación. En este sentido, la comida me fascina, porque es como una maravillosa manera de codificar y capturar la historia y la cultura en un plato, así como de ofrecer estas recetas a los demás para que cocineros y comensales experimenten los trabajos del cariño culinario que también ellos han recibido.

En el presente libro, reúno diversidad de recetas viejas y nuevas basadas en mi descubrimiento de algunos ingredientes fabulosos procedentes de preciosas aguas cristalinas y exuberantes montañas verdes. Deseo que usted se sienta como me siento yo en Cataluña, inspirado por sus fantásticas gentes y asombrosos lugares. Mis aventuras culinarias han sido un privilegio y un placer, y he disfrutado cada minuto. Espero sinceramente que usted disfrute también de este libro.

CARNE

Disfrutar de la preparación y luego la degustación de la carne de reses que han sido bien criadas, bien alimentadas y, por encima de todo, bien cuidadas, es simplemente un privilegio. Cataluña presenta una variedad ganadera y climática tan amplia, desde las verdes montañas del Pirineo de Lérida hasta los humedales del Delta del Ebro, que resulta fácil conseguir carne increíble de procedencia acreditada y gran sabor. Este capítulo incluye una amplia gama de platos de carne, algunos de los cuales espero que se conviertan en recetas clásicas que prepare usted con frecuencia, si bien otros cabe reservarlos para ocasiones especiales. Sea como fuere, procure siempre obtener carne de la mejor calidad posible: vale la pena.

Si se halla usted en la zona del Ampurdán, entonces debe alojarse en Mas Rabiol, una preciosa masía regentada por Gloria y Carlos. El lugar y la comida son exquisitos, con cocina catalana y un delicioso desayuno. Una enorme selección de quesos y butifarras de la zona, aceite de oliva dorado y pan de verdad le darán los buenos días: un comienzo ideal del día. La butifarra es una especialidad catalana elaborada tradicionalmente con carne de cerdo cruda, sal y pimienta.

Uno de los mejores platos que he tomado aquí es la escudella de Gloria. Se trata de un cocido tradicionalmente preparado con garbanzos y muchos tipos diferentes de carne. Para esta receta, he prescindido de los garbanzos, pero si lo desea, puede agregar 400 g al mismo tiempo que añada la carne: simplemente, remójelos antes en agua fría durante 12 horas.

Escudella, a mi manera

6 raciones

2 cebollas, peladas y en láminas
2 zanahorias, en cuartos
2 ramas de apio, troceadas
2 hojas de laurel
un puñado de tallos de perejil
10 granos de pimienta negra
1 lacón
4 muslos de pollo
2 butifarras (u otro tipo de embutido parecido), en rodajas
2 costillas cargadas de ternera
300 g de pasta pequeña (galets, o pasta tiburón)

Ponga todos los ingredientes excepto la pasta en una olla grande y cubra con agua. Lleve a ebullición y baje el fuego para dejar que cueza suavemente, sin tapa, durante 2 horas hasta que la carne quede bien tierna.

Retire la carne con una espumadera y desmenúcela, descartando piel y huesos. Lleve el líquido a ebullición, sazone y añada la pasta para cocerla 10-12 minutos hasta que quede al dente.

Devuelva la carne a la olla y sirva.

Las croquetas de jamón gustan a casi todo el mundo, y son de los platos más demandados en mis restaurantes. Pero también nos gusta jugar con nuevos sabores, a veces algo disparatados, que normalmente funcionan y agradan a todos.

Si es un fan de la menta, añada un poco al mismo tiempo que la manzana y la morcilla, y obtendrá un sabor realmente refrescante.

Croquetas de morcilla y manzana

Salen 16-20

500 ml de leche entera
150 ml de caldo vegetal natural
85 g de mantequilla y una nuez adicional
120 g de harina blanca
sal marina y pimienta negra recién molida
75 g de queso manchego, rallado
150 g de morcilla, troceada
1 manzana, pelada, descorazonada y picada finamente
un poco de azúcar superfino
150 g de pan rallado
2 huevos camperos grandes, batidos
aceite de oliva para freír

Caliente la leche con el caldo en un cazo. En otro, derrita la mantequilla a fuego medio, añada la harina y deje cocer 2-3 minutos hasta que se dore. Añada la mezcla de leche y caldo poco a poco, hasta obtener una bechamel espesa y suave. Sazone y agregue el queso. Remueva hasta que se derrita y se mezcle bien. Reserve.

Mientras, caliente un poco de aceite de oliva en una sartén y fría la morcilla hasta que empiece a chisporrotear, luego escúrrala sobre papel de cocina. Añada una nuez de mantequilla a la sartén y, cuando burbujee, eche la manzana y el azúcar y deje cocer un par de minutos hasta que se caramelice ligeramente. Incorpore la morcilla y la manzana a la bechamel.

Extienda la mezcla uniformemente en una bandeja poco honda y presione. Cubra con una hoja de papel vegetal o papel film transparente. Deje enfriar en el frigorífico durante al menos 2 horas.

Úntese la palma de la mano con un poco de aceite y forme bolas de unos 30 g con la masa. Disponga el pan rallado y los huevos en dos cuencos separados. Pase las croquetas primero por el huevo batido y luego por el pan para rebozarlas.

Caliente el aceite en una sartén honda a 190 °C —o hasta que un trocito de pan se dore en él en unos 20 segundos— y fría las croquetas unos 2 minutos o hasta que se doren. Póngalas sobre papel de cocina para que se escurran. Devórelas de inmediato.

PORTHOS
GET 27
TERRY

En el precioso Delta del Ebro, donde se pueden encontrar algunos de los mejores arroces de la Península, existe un maravilloso restaurante llamado L'Estany, que me encanta. Me llevaron allí Lola y José Miguel; son de la zona y la conocen bien. José Miguel es arrocero y su familia se dedica desde hace mucho al cultivo del arroz.

He probado esta receta con conejo de monte, si bien el conejo de granja es más fácil de hallar pero también más grande. Si utiliza conejo salvaje, cocine la carne en el caldo durante 1 hora o hasta que se deshaga.

Arroz con conejo

4-6 raciones

1 conejo de monte, cortado en 6 trozos (pida al carnicero que se lo haga)
sal marina y pimienta negra recién molida
aceite de oliva para freír
1 cebolla grande, picada fina
2 ramas de apio, picadas finas
2 dientes de ajo, en láminas
1 pimiento rojo picante, sin semillas y picado fino
una pizca de hebras de azafrán
1,4 litros de caldo de pollo natural
250 g de arroz tipo japónica o para paella

Sazone el conejo y fríalo en un poco de aceite de oliva para dorarlo. Retírelo de la sartén y reserve. Añada algo más de aceite y sofría la cebolla y el apio 10 minutos. Luego agregue el ajo y el pimiento y sofríalo todo 10 minutos más. Añada el azafrán y remueva. Luego eche 1,2 litros del caldo y llévelo a ebullición. Devuelva el conejo a la cazuela, tape y deje cocer 45 minutos hasta que quede bien tierno y se deshaga.

Incorpore el arroz y el resto del caldo, tape y deje cocer suavemente durante 15-18 minutos sin remover, hasta que el arroz quede cocido pero algo caldoso. Sirva en boles.

La butifarra es un tipo de salchicha tradicional catalana, elaborada a base de carne cruda de cerdo, sal y pimienta. En la actualidad existen numerosas versiones, incluida la butifarra negra e incluso una dulce.

En mi restaurante preparamos una con ceps (*Boletus edulis*): simplemente la cocemos a la plancha y luego la servimos con garbanzos y judías verdes. *Botifarra amb mongetes* significa «butifarra con judías» en catalán. En Cataluña no se sirven las alubias con verduras o caldo. Esta receta, no obstante, es como la preparo en los restaurantes para el personal, ¡y nos encanta! Las verduras saben genial.

Butifarra con judías

4 raciones

aceite de oliva para freír
1 cebolla grande, picada fina
1 zanahoria, picada fina
1 rama de apio, picada fina
2 dientes de ajo, en láminas finas
200 ml de caldo vegetal natural
sal marina y pimienta negra recién molida
4 butifarras blancas o negras crudas (u otro tipo de embudito parecido)
un puñado de perejil picado

Para las judías

250 g de judías blancas secas, remojadas toda la noche en agua fría
1 zanahoria, en cuartos
1 puerro, por la mitad
1 rama de apio, troceada bastamente
1 hoja de laurel
10 granos de pimienta negra

Escurra las judías y póngalas en una olla grande con la zanahoria, el puerro, el apio, el laurel y la pimienta. Cubra con 2 ½ litros de agua fría. Lleve a ebullición y luego deje cocer suavemente durante 1-1 ½ horas hasta que las judías empiecen a quedar tiernas. Escurra y deseche las verduras, el laurel y la pimienta.

Cuando las judías estén listas, caliente un poco de aceite de oliva en una sartén y sofría la cebolla, la zanahoria y el apio durante 15 minutos hasta que queden bien blandos. Añada el ajo y sofría un minuto más y luego agregue las judías escurridas y el caldo vegetal. Sazone y deje cocer 10 minutos.

Mientras, fría las butifarras en una sartén con un poco de aceite hasta que se doren por todos lados y se cuezan bien. Incorpore el perejil a las judías y sírvalas con las butifarras.

Este plato es un buen ejemplo de receta mar y montaña, y siempre tiene éxito cuando lo incluyo en el menú.

Como sabrá, hay que cocer el calamar y la sepia o bien muy lentamente o bien rápidamente. En este caso, cocemos la sepia muy despacio para que quede perfectamente tierna.

Albóndigas con sepia

6 raciones

200 g de carne de cerdo ibérico picada
200 g de carne de ternera picada
3 dientes de ajo, 1 picado y 2 en láminas finas
un puñado de perejil, picado fino
hojas de un puñado de ramitas de tomillo
75 g de pan rallado blanco
1 huevo campero
sal marina y pimienta negra recién molida
aceite de oliva para freír
harina blanca para espolvorear
1 sepia grande (de alrededor de 1 kg), limpia y cortada en tiras finas
2 cebollas, picadas finas
450 g de tomates frescos troceados
250 ml de caldo de pollo natural

Mezcle los dos tipos de carne picada con el ajo majado, el perejil, el tomillo, el pan rallado y el huevo. Condimente bien y mézclelo todo para luego formar bolitas. Refrigérelas 30 minutos.

Caliente un poco de aceite en una sartén, espolvoree las albóndigas con la harina y fríalas hasta que se doren y casi estén cocidas por dentro. Retírelas de la sartén y reserve.

Caliente un poco más de aceite a fuego fuerte y fría la sepia hasta que se dore por todos lados. Retírela de la sartén con una espumadera y reserve. Añada la cebolla a la sartén y sofríala 10 minutos antes de agregar el ajo laminado y el tomate. Deje cocer 10 minutos más y luego añada el caldo y devuelva la sepia a la sartén. Sazone bien y deje cocer a fuego muy bajo durante 1 hora o hasta que la sepia esté muy tierna. Incorpore las albóndigas y deje sofreír 5-10 minutos hasta que esté todo bien cocido. Sirva enseguida.

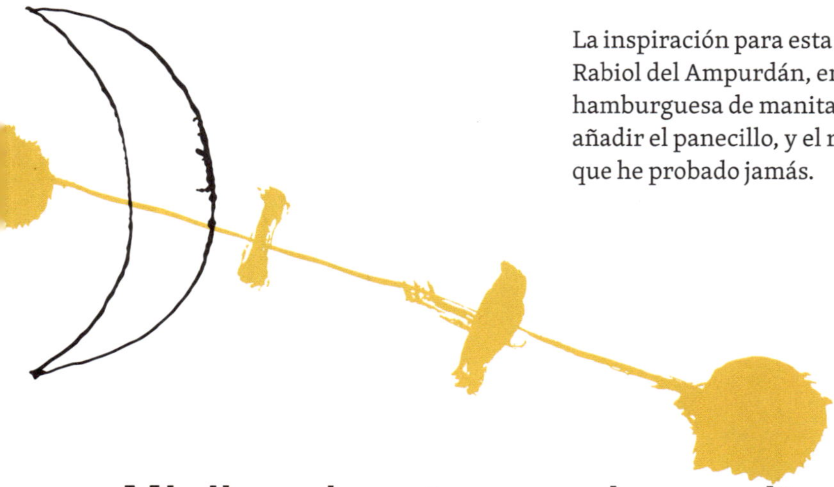

La inspiración para esta receta llegó de la mano de Carlos, en Mas Rabiol del Ampurdán, en Gerona, donde sirven una fabulosa hamburguesa de manitas de cerdo sin pan. Surgió la idea de añadir el panecillo, y el resultado es uno de los mejores bocadillos que he probado jamás.

Minihamburguesas de manitas de cerdo

Salen 14-16 minihamburguesas (6-8 hamburguesas)

3 manitas de cerdo
1 cebolla, troceada bastamente
1 zanahoria, troceada bastamente
1 rama de apio, troceada
1 hoja de laurel
un puñado de tallos de perejil
un puñado de granos de pimienta negra
400 g de carne de cerdo picada
2 dientes de ajo
2 cucharadas de orégano picado fino
un puñadito de perejil picado
sal marina y pimienta negra recién molida
aceite de oliva para freír

Para servir

minipanecillos de brioche o de pan
1 ración de alioli (página 154)
1 ración de salsa romesco (página 146)

Ponga las manitas de cerdo con las verduras y las especias en una olla grande con agua fría. Lleve a ebullición y luego deje cocer a fuego suave durante 4 horas hasta que queden bien tiernas. Escurra y deseche el líquido, las verduras y las especias.

Cuando estén lo bastante templadas, retire la piel de las manitas. Deshuéselas y ponga la carne y grasa en un cuenco junto con la carne picada. Deseche los huesos y los nervios. Trocee finamente la piel y agréguela al cuenco.

Añada el ajo, orégano y perejil a la carne y mezcle bien con mucho condimento. Forme 6-8 hamburguesas de tamaño normal o 14-16 hamburguesitas. Deje enfriar en el frigorífico durante 30 minutos.

Caliente una capa de aceite en una sartén y fría las hamburguesas hasta que se doren por ambos lados y se calienten bien. Tueste los panecillos y úntelos con alioli y romesco. Sirva las hamburguesas en bocadillo para consumir inmediatamente.

El civet es un guiso catalán, un plato clásico que he preparado muchas veces. Es ideal para las noches frías de invierno o cuando a uno le apetece algo reconfortante.

Este civet, estofado o como desee llamarlo, es fantástico con una copa de Costers del Segre, de la región vinícola de Lérida.

Civet de venado con ceps

6 raciones

1,5 kg de pierna de venado, cortada en trozos grandes
660 ml de cerveza del país
1 zanahoria, picada fina
1 rama de apio, picada fina
1 cebolla, picada fina
2 dientes de ajo, pelados
1 hoja de laurel
2-3 ramitas de tomillo
sal marina y pimienta negra recién molida
aceite de oliva para freír
200 g de chorizo, troceado
500 ml de caldo de ternera natural
25 g de ceps secos (*Boletus edulis*)

Ponga el venado en un cuenco con la cerveza y todas las verduras y hierbas. Deje marinar de 3 a 6 horas. Escurra y reserve la marinada y las verduras por separado.

Seque la carne con papel de cocina y sazónela bien. Caliente una capa de aceite de oliva en una cazuela y dore la carne y el chorizo por todos lados. Retire con una espumadera y reserve. Añada un poco más de aceite y fría las verduras reservadas durante 10 minutos, luego devuelva la carne a la cazuela con la marinada. Deje cocer unos minutos, a continuación añada el caldo y haga hervir suavemente. Tape y deje cocer durante 2-2 ½ horas hasta que la carne quede bien tierna.

Remoje los ceps en 150 ml de agua hirviendo para que se ablanden. Escúrralos y reserve el líquido, y trocéelos bastamente. Cuando el guiso esté casi listo, añada los ceps y la marianda hasta el final de la cocción. Sirva con un puré cremoso.

Una clásica receta de mar y montaña. Algunos cuentan la leyenda de un pastor que se enamoró de una sirena, de cuyo amor surgió la combinación de mar y tierra. Yo no sé si será cierto, pero ¡esta receta es una delicia!

Guiso de pollo con cigalas

4-6 raciones

aceite de oliva para freír
10-12 cigalas frescas
8 muslos de pollo, con piel
sal marina y pimienta negra recién molida
una nuez generosa de mantequilla
4 cebollas grandes, picadas finas
2 tomates, en dados
3 dientes de ajo, en láminas finas
1 hoja de laurel
200 ml de vino blanco
2 cucharadas de vinagre de Jerez
400 ml de caldo de pollo natural
unas ramitas de estragón fresco

Caliente un poco de aceite en una cazuela grande con tapa. Añada las cigalas y cocínelas 2-3 minutos. Retírelas de la cazuela y reserve. Sazone el pollo y agréguelo a la cazuela. Dórelo por todos lados, retírelo y reserve.

Añada un poco más de aceite y una buena nuez de mantequilla a la cazuela. Sofría la cebolla muy, muy lentamente, durante 20-30 minutos hasta que quede bien blanda y caramelizada. Añada los tomates, el ajo y el laurel, y deje cocer 10 minutos más. Incorpore el vino y el vinagre y déjelos burbujear un minuto antes de agregar el caldo y el estragón.

Devuelva el pollo y el jugo que haya desprendido a la cazuela, tape y deje cocer a fuego lento 15 minutos hasta que quede casi cocido. Añada las cigalas y cueza un par de minutos más. Sirva con pan crujiente para mojar en la salsa.

17

El chocolate se emplea a menudo en la cocina catalana, con frecuencia para espesar salsas. Este tipo de salsa se denomina *picada*. Normalmente se prepara con algún fruto seco, ajo y perejil. Pensará que es una locura, pero yo elaboro una fantástica receta en la que se añade chocolate a las gambas salteadas con pimiento picante y ajo. ¡Ñam!

Pollo al chocolate

4 raciones

aceite de oliva para freír
1 pollo campero grande (1,8 kg)
2 cebollas, en láminas finas
2 dientes de ajo
100 ml de vino blanco
100 ml de vino rancio (o manzanilla)
2-3 tomates, troceados
1 hatillo de hierbas (por ejemplo, con ramitas de tomillo, hoja de laurel, tallos de perejil y orégano)
1 ramita de canela
900 ml de caldo de pollo natural
sal marina y pimienta negra recién molida

Para la picada
aceite de oliva para freír
80 g de pan blanco seco, en trocitos
1 diente de ajo
1 hígado de pollo
una pizca de hebras de azafrán
un puñadito de perejil picado
20 g de chocolate negro rallado (70 % de cacao)
30 g de avellanas

Precaliente el horno a 150 °C (gas potencia 2).

Caliente una capa de aceite en una cacerola grande y dore el pollo por todos lados. Retírelo de la cacerola y reserve. Añada la cebolla y sofríala 10 minutos hasta que se ablande. Agregue el ajo y deje cocer un minuto más, luego incorpore el vino blanco y el vino rancio y deje cocer 2-3 minutos.

Agregue el tomate, el hatillo de hierbas, la canela y el caldo. Sazone bien y lleve a ebullición. Devuelva el pollo a la cacerola y tape. Deje cocer en el horno durante 1-1 ½ horas hasta que quede muy tierno.

Mientras, prepare la picada. Caliente un poco de aceite en una sartén y fría el pan, el ajo y el hígado de pollo 2-3 minutos. Viértalos en el vaso de la batidora o en el mortero. Remoje el azafrán unos minutos en 50 ml de agua hirviendo y luego añádalo a la mezcla de pan con el perejil, chocolate y avellanas. Tritúrelo o májelo todo hasta que se forme una pasta.

Cuando el pollo esté cocido (saldrá jugo limpio al pinchar la parte más gruesa), sáquelo del horno y pase el ave a una fuente para que repose. Ponga la cacerola a fuego medio y añada la picada a la salsa. Mezcle y deje que burbujee hasta que la salsa espese. Corte el pollo y sírvalo con la salsa.

Nunca he publicado un libro con una receta de oca, principalmente porque no parece que sea demasiado popular. Pero a mí me parece deliciosa y creo que vale la pena permitirse la inversión de vez en cuando.

Utilizar fruta seca es algo muy mediterráneo, y suele añadirse al pollo, de modo que aquí se propone una variación. Disfrute.

Asado de oca con salsa de fruta seca

4-6 raciones

1 oca (de unos 4 kg)
1 manzana, en cuartos
1 naranja, por la mitad
un manojito de hierbas variadas (perejil, tomillo, romero)
sal marina y pimienta negra recién molida

Para la salsa

250 g de frutas secas variadas troceadas (orejones, uvas pasas, ciruelas, manzana)
zumo de 1 naranja
150 ml de vino dulce
aceite de oliva para freír
2 escalonias, picadas finas
1 diente de ajo, en láminas finas
500 ml de caldo de pollo natural
un puñado de perejil picado

Precaliente el horno a 180 °C (gas potencia 4).

Ponga la oca en una fuente grande para el horno sobre un salvamanteles. Introduzca la manzana en el interior del ave, exprima el zumo de la naranja sobre esta e introduzca las mitades de la naranja y las hierbas en el interior, con la manzana. Sazone generosamente. Vierta 150 ml de agua en la fuente, bajo la oca, y ásela durante 2-2 ½ horas hasta que se dore y se cueza bien (el jugo saldrá limpio al pinchar la parte más gruesa).

Mientras, prepare la salsa. Ponga las frutas secas en un cazo con el zumo de naranja y el vino. Lleve a ebullición y luego retírelo del fuego y reserve para que la fruta absorba los sabores y el líquido.

Caliente un poco de aceite de oliva en otro cazo y sofría las escalonias durante 10 minutos, luego añada el ajo y la fruta remojada. Incorpore el caldo y deje cocer 15 minutos. Sazone y agregue el perejil.

Cuando la oca esté cocida, pásela a una fuente para que repose. Retire la grasa de los jugos que queden en la fuente y luego añada los jugos a la salsa. Corte la oca y sirva con la salsa de fruta seca.

Esta es una ensalada caliente perfecta para una noche fría de otoño o invierno, pero también resulta ideal fría, de modo que ¡tómela cuando le apetezca!

Si puede conseguir pato silvestre, este llevará el plato a otro nivel. Aquí hemos empleado pato de granja porque es fácil de encontrar, pero cocínelo un poco menos si usa pato silvestre, ya que suele ser más pequeño.

Ensalada tibia de pato, calabaza y lenteja pardina

4 raciones

aceite de oliva para freír
una nuez de mantequilla
700 g de calabaza, en trozos pequeños
300 g de lenteja pardina
½ ramita de canela
1 diente de ajo
500 ml de caldo de pollo natural
2 pechugas de pato, con la piel marcada
sal marina y pimienta negra recién molida
rúcula u hojas de ensalada picantes
un puñado de perejil picado

Para el aliño

1 cucharada de vinagre de Jerez
1 cucharada de vinagre de vino tinto
1 cucharadita de mostaza de Dijon
3-4 cucharadas de aceite de oliva virgen extra

Precaliente el horno a 200 °C (gas potencia 6).

Caliente el aceite y la mantequilla en una sartén y fría la calabaza 15-20 minutos hasta que se caramelice y quede tierna. Reserve.

Ponga las lentejas en una olla con la canela, el ajo y el caldo, lleve a ebullición y deje cocer 20 minutos hasta que queden tiernas. Escúrralas y deseche la canela y el ajo.

Condimente el pato con abundante sal y pimienta y póngalo, con la piel hacia abajo, en una cazuela apta para el horno a fuego bajo. Deje cocer lentamente hasta que la grasa se funda y quede dorada y crujiente. Dé la vuelta a las pechugas y ponga la cazuela en el horno durante 6-8 minutos hasta que el pato se cueza bien por fuera pero el interior quede rosado. Déjelo reposar.

Para el aliño, mezcle los vinagres con abundante sal y pimienta y la mostaza. Poco a poco incorpore el aceite para obtener una salsa lustrosa.

Mezcle las lentejas con la calabaza. Corte el pato y añada sus jugos al aliño. Vierta el aliño sobre las lentejas y mezcle con la rúcula y el perejil. Sirva con el pato cortado.

La bomba de la Barceloneta es una de las tapas más populares de Barcelona. Es una bola grande rebozada elaborada con puré de patata y normalmente rellena de zanahorias o carne picantes.

No sé si será cierto, pero se dice que La Cova Fumada es el lugar donde nació este plato. Por descontado, vale la pena visitarlo: se trata de un encantador bar a la antigua donde sirven buena comida. Disfrute de un vermut con su bomba; aquí sirven una versión local con gambas y pulpo muy sabrosa.

La Barceloneta fue destruida durante la guerra civil, como la zona de Londres donde tengo dos de mis restaurantes, Bermondsey. Un poco irónicamente, hemos bautizado esta receta con el nombre de «Bomba de Bermondsey», y como tal aparece en mi menú.

Bomba de Bermondsey

Salen 6

1 kg de patatas desirée
sal marina y pimienta negra recién molida
4 cucharadas de aceite de oliva
2 cebollas, picadas finas
1 diente de ajo grande, picado fino
2 buenas pizcas de copos de guindilla secos
160 g de carne de cerdo picada
400 g de tomate en lata
75 g de harina blanca
2 huevos camperos, batidos
100 g de pan rallado
aceite de oliva para freír
1 ración de alioli para servir (página 154)

Ponga las patatas en una olla grande con agua fría salada y lleve a ebullición. Cuando estén cocidas, escúrralas y deje templar. Pele y chafe las patatas. Sazone al gusto y reserve. Manténgalas tibias.

Mientras, caliente 2 cucharadas del aceite de oliva en una sartén y añada la mitad de las cebollas. Sofría a fuego medio hasta que empiecen a caramelizar (entre 20 y 30 minutos), luego agregue el ajo y una pizca de copos de guindilla. Deje cocer un minuto más y añada la carne. Cocínela 10 minutos y sazone al gusto. Reserve.

Para preparar la salsa de tomate picante, caliente el resto del aceite de oliva en otra sartén y sofría el resto de la cebolla a fuego lento hasta que se ablande. Añada el resto de copos de guindilla y el tomate y deje cocer hasta que reduzca y casi no quede líquido. Condimente al gusto.

Prepare una bola de puré de unos 100 g. Con el dedo pulgar, practique un agujero en el centro. Llene el agujero con la mezcla de carne y cúbralo con más puré para cerrar el orificio. Repita la operación con el resto del puré y la salsa de carne.

Ponga la harina, los huevos y el pan rallado en cuencos separados. De una en una, pase las bolas primero por la harina, luego por el huevo y finalmente por el pan rallado.

En una sartén honda caliente suficiente aceite de oliva para cubrir 2-3 bombas a 180 °C o hasta que al echar un dado de pan este se dore en 20 segundos. Fría las bombas hasta que se doren: utilice un termómetro para cerciorarse de que estén calientes por dentro. Vierta una cucharada de alioli en la base de un plato, disponga una bomba encima y rocíela con la salsa de tomate picante. Sirva caliente.

Este es un guiso de ternera muy tradicional que, según dicen, es originario de Francia. Me dio la receta Monty, mi mano derecha en la cocina, un gran chef que quiere mucho a su tierra catalana.

Fricandó de ternera con setas de pie azul y aceitunas negras

6 raciones

60 ml de aceite de oliva
1,2 kg de jarrete de ternera en trozos grandes
sal marina y pimienta negra recién molida
1 cebolla grande, picada fina
1 zanahoria, picada fina
1 rama de apio, picada fina
500 g de tomates frescos, troceados
100 ml de brandy
500 ml de caldo de ternera natural
200 g de setas de pie azul
150 g de aceitunas negras, deshuesadas

Para la picada
aceite de oliva para freír
1 rebanada de pan
25 g de avellanas
25 g de almendras
1 diente de ajo

Caliente casi todo el aceite de oliva en una cazuela. Salpimiente la ternera y dórela en la cazuela. Retírela del fuego con una espumadera y reserve.

Añada el resto del aceite al plato y sofría la cebolla, zanahoria y apio durante 10 minutos hasta que se ablanden. Agregue el tomate y deje cocer 10 minutos más.

Devuelva la carne a la cazuela e incorpore el brandy. Deje burbujear un minuto y luego añada el caldo. Sazone y luego tape la cazuela y deje cocer a fuego suave durante 2 ½-3 horas.

Mientras, prepare la picada. Caliente un poco de aceite en un cazo y fría el pan hasta que se dore. Tritúrelo en la batidora con el resto de ingredientes de la picada y suficiente aceite para que se forme una pasta. Reserve.

Cuando la carne esté casi lista, caliente un poco de aceite en un cazo y fría las setas hasta que se doren. Échelas a la cazuela con la picada y siga cociendo 20 minutos hasta que la ternera quede bien tierna y la salsa espese. Añada las aceitunas y sirva.

Cuando era niño, envidiaba a mi amiga Elsa porque siempre conocía el mejor lugar para encontrar caracoles. La espié durante mucho tiempo hasta aprender de ella. Los caracoles no eran un alimento popular en Talaván, de modo que simplemente solía traerlos a casa y dejarlos en el jardín de mi madre. Un día ella se dio cuenta de lo que había estado haciendo y se enfadó: ¡los caracoles se habían estado comiendo sus plantas!

Ahora me encantan, y los mejores que he probado son los del Priorato, donde los cocinan sobre brasas con abundante aceite de ajo.

Caracoles con aceite de ajo y perejil

4 raciones como entrante

24 g de caracoles frescos y purgados
un vasito de vino blanco
6 dientes de ajo, chafados
un manojo grande de perejil picado fino
100 ml de aceite de oliva virgen extra
sal marina y pimienta negra recién molida

Caliente una olla grande a fuego fuerte. Añada los caracoles y el vino y tape para que se cuezan al punto durante 2-3 minutos. Escurra.

Mezcle el ajo con el perejil y el aceite y abundante sal y pimienta. Coja los caracoles y vierta la mitad del aceite dentro de las cáscaras, devuélvalos al recipiente, y acabe de rociarlos por encima con el resto del aceite.

Caliente una bandeja para caracoles o una cacerola de hierro fundido a fuego fuerte y cocine los caracoles otros 2-3 minutos hasta que estén bien calientes. Sirva enseguida con mucho pan.

Desgraciadamente, con el tiempo, las razas de cerdo catalanas autóctonas han ido desapareciendo. Recientemente, probé una carne asombrosa de una nueva raza, el Ral d'Avinyó, creada por carniceros innovadores de la región, pero cualquier tipo de carne de cerdo de calidad sirve para esta receta.

Da la sensación de que comer panceta de cerdo deba ser algo invernal, pero pienso que este plato es una ensalada refrescante para cualquier época del año, especialmente si se añade limón en conserva para compensar el contenido graso.

Panceta de cerdo frita con ensalada de calabacín, hinojo y limón en conserva

6 raciones

1 kg de panceta de cerdo, sin hueso ni corteza, la grasa marcada
sal marina y pimienta negra recién molida
aceite de oliva para freír
2 dientes de ajo, chafados
unas ramitas de tomillo limonero
1 cucharadita de semillas de hinojo
750 ml de caldo de pollo natural
3-4 calabacines, en láminas
1 bulbo de hinojo grande, en láminas finas
1 ración de limones en conserva (página 143)
aceite de oliva virgen extra

Salpimiente la panceta y córtela en seis trozos. Caliente una capa de aceite en una sartén honda y dore los trozos por todos lados. Añada el ajo, el tomillo y las semillas de hinojo. Deje cocer un minuto más y luego añada el caldo. Lleve a ebullición y cueza a fuego lento, con tapa, 45 minutos.

Mezcle el calabacín, el hinojo y el limón en conserva en un cuenco. Rocíe con aceite de oliva virgen extra y salpimiente. Sirva la ensalada junto con la panceta.

QUALITE EXTRA

Opino que el cordero lechal inglés, igual que los espárragos, está entre los mejores del mundo. También se obtiene a un buen precio si se compra, por ejemplo, una paletilla entera en temporada.

Mi amiga Gloria de Mas Rabiol casi siempre utiliza cordero lechal de la granja vecina: ¡más fresco, imposible!

Se puede asar la paletilla a la brasa: el sabor ahumado combina a la perfección con los espárragos y el hinojo marino.

Paletilla de cordero a fuego lento con espárragos e hinojo marino

6 raciones

hojas de 3 ramitas de mejorana, picadas finas
un manojito de perejil picado
3 anchoas, picadas finas
3 dientes de ajo, troceados
raspadura fina de 1 limón
1 cucharada de alcaparras, escurridas y aclaradas
un chorrito de vinagre de Jerez
sal marina y pimienta negra recién molida
4 cucharadas de aceite de oliva, y más para rociar
1 paletilla grande de cordero (unos 2 kg), deshuesada
200 ml de jerez fino
2 manojos de espárragos, sólo las puntas
200 g de hinojo marino limpio y cortado

Precaliente el horno a 200 °C (gas potencia 6).

Mezcle las hierbas con las anchoas, el ajo, la raspadura de limón, las alcaparras y el vinagre. Salpimiente bien y añada el aceite de oliva para obtener una pasta. Abra el cordero y extienda la mezcla por el interior. Enróllelo sin apretar y átelo con hilo de cocina. Disponga el cordero en una fuente para el horno, rocíelo con aceite y salpiméntelo.

Ase la carne 20 minutos y luego baje el horno a 150 °C (gas potencia 2). Vierta el jerez y añada un chorrito de agua, luego tape con papel de aluminio y deje cocer 2 ½-3 horas hasta que la carne quede bien tierna.

Cocine los espárragos en agua hirviendo durante 1 minuto. Agregue el hinojo marino y deje cocer 30 segundos. Escurra y refresque con agua fría.

Cuando el cordero esté listo, déjelo reposar. Retire la grasa del jugo de cocción y mezcle los espárragos y el hinojo con el jugo. Corte la carne y sirva con las verduras.

Esta receta es de mis queridos amigos Lara y Eduardo. Les conocí en Londres, pero hace poco se mudaron a Barcelona. Han sido de gran ayuda a la hora de reunir información para escribir este libro.

Nunca había probado esta receta, pero tuve ocasión de hacerlo el día que realizamos la sesión de fotos en el Ampurdán. Y no podía estar más impaciente. Normalmente, se elabora con gallina en lugar de pollo.

Este es un buen plato cuando se tienen invitados: queda listo para meterlo en el horno y degustarlo. ¡Gracias, Lara y Eduardo!

Canelones de pollo

6-8 raciones

aceite de oliva para freír
200 g de pechuga de pollo, troceada
150 g de carne de ternera picada
150 g de panceta de cerdo ahumada, en tiras finas
100 g de butifarra blanca cruda, picada fina
100 g de foie gras o higadillos de pollo, en dados
2 cebollas pequeñas, picadas finas
1 hoja de laurel
sal marina y pimienta negra recién molida
350 ml de nata espesa para montar
50 ml de jerez seco
10-12 láminas de canelón u hojas finas de lasaña
60 g de Serrat rallado (queso curado de leche de vaca procedente del Pirineo catalán) o cualquier queso manchego curado

Para la salsa bechamel

1,7 litros de caldo de pollo natural
80 g de mantequilla sin sal
80 g de harina blanca
250 ml de nata líquida para cocinar
una pizca de nuez moscada

Caliente una capa de aceite de oliva en una cazuela de base gruesa y dore la carne (excepto el foie gras) por todos lados por tandas, y vaya pasándola a un bol una vez lista.

Baje el fuego, añada la cebolla y sofríala poco a poco hasta que quede transparente. Incorpore la hoja de laurel, salpimiente en abundancia y luego agregue la harina. Deje cocer 1-2 minutos.

Añada el foie gras y devuelva la carne dorada a la cazuela. Incorpore la nata y deje reducir unos 10 minutos. Añada el jerez y cueza 2 minutos más. Retire del fuego y descarte la hoja de laurel.

Píquelo todo en un procesador de alimentos hasta obtener una textura uniforme. Dispóngalo en una manga pastelera y reserve.

Para la salsa, lleve el caldo a un hervor suave y manténgalo caliente. Ponga un cazo de base gruesa en el fuego y derrita en él la mantequilla. Incorpore la harina, mezcle bien y cocine 1-2 minutos. Añada el caldo, poco a poco, sin dejar de remover. Cuando quede homogéneo, añada la nata y la nuez moscada, salpimiente y deje cocer a fuego lento para que espese. Reserve.

Precaliente el gratinador a fuego medio-alto.

Coloque las hojas de pasta sobre una tabla. Con la manga pastelera, extienda una tira del relleno en el centro de cada una y luego forme los canelones. Si las hojas son demasiado grandes, córtelas con un cuchillo afilado para evitar el exceso de capas de pasta.

Extienda una capa de bechamel en una fuente apta para el horno y disponga los canelones, uno al lado del otro. Cubra con el resto de bechamel y espolvoree con el queso rallado.

Ponga la bandeja bajo el gratinador unos 10 minutos hasta que el queso se dore y burbujee. Sirva inmediatamente.

Si va usted a Palafrugell, tiene que visitar el mercado. Es un lugar ideal para hacer la compra del día o el fin de semana, e inevitablemente saldrá con muchas cosas que no iba a buscar porque encontrará de todo. Los granjeros se sienten orgullosos de lo que llevan al mercado: dedique tiempo a charlar con ellos y les encantará.

El día que lo visitamos la carrillera de buey tenía una pinta espléndida, de modo que preparamos este plato para almorzar.

Carrillera de buey a fuego lento con salsa de tomate picante

6 raciones

4 cucharadas de aceite de oliva
1,5 kg de carrillera de buey en trozos grandes
2 cucharadas de harina blanca salpimentada, para espolvorear
1 cebolla grande, picada fina
2 zanahorias, picadas finas
1 rama de apio, picada fina
6 anchoas, troceadas
2 cucharaditas de pimentón dulce ahumado
2 cucharaditas de pimentón picante ahumado
un puñado de ramitas de tomillo
300 ml de vino tinto
2 latas de 400 g de tomate troceado
150 ml de caldo de pollo

Caliente la mitad del aceite en una cacerola. Reboce la carrillera con la harina bien salpimentada, añada a la fuente y dórela por tandas. Reserve.

Caliente el resto del aceite en la cacerola y sofría la cebolla, la zanahoria y el apio durante 10 minutos hasta que se ablanden. Agregue las anchoas y el pimentón y deje cocer 1 minuto. Luego añada el tomillo y el vino tinto y deje burbujear hasta que reduzca a la mitad.

Añada el tomate y el caldo y lleve a ebullición. Incorpore la carne y cueza a fuego lento, tapado, durante 2 horas. Retire la tapa y cocine 30 minutos o 1 hora más, o hasta que la carne quede verdaderamente tierna y la salsa haya reducido y espesado. Deje reposar 15 minutos y luego sirva con la ensalada de endibia y granada de la página 153, si lo desea.

PESCADO

¿Qué puedo decir? Cataluña es una región principalmente costera, con algunas de las más bellas calas, playas y zonas rocosas del país. Pero eso no es todo. Posee ríos e incluso una zona donde el agua salada se encuentra con el agua dulce. Esta diversidad de entornos acuáticos produce de forma natural una amplia variedad de marisco increíble: es una gran suerte.

Los asombrosos colores de la naturaleza y la luz de Cataluña son equivalentes a la extraordinaria variedad de colorido que presentan los peces de la región. Una maravilla. En el Reino Unido también se encuentra una rica selección de pescados; de hecho, siempre me sorprende lo que el pescadero me trae al restaurante. Hágase, pues, amigo de su pescadero y atrévase con alguna de las siguientes recetas.

Conocí a Maruja y Florián, su esposo, gracias a Josep Cuní, destacado periodista catalán con quien trabé amistad en Londres y que tuvo la amabilidad de enseñarnos Bagur, un pueblecito de la Costa Brava que recomiendo encarecidamente que visite.

Maruja me recuerda mucho a mi madre, Isabel: una mujer fuerte que, incluso tras un largo día, disfruta preparando la comida para sus invitados, siempre con ingredientes frescos y con el amor de una madre. *Suquet* es la palabra catalana para la «cazuela de pescado».

Suquet

6-8 raciones

100 ml de aceite de oliva
1 cebolla grande, picada fina
2 dientes de ajo, picados
2 latas de 400 g de tomate troceado
sal marina y pimienta negra recién molida
1 litro de caldo de pescado natural
600 g de patatas nuevas
600 g de trozos grandes de rape, rodaballo y besugo
harina blanca para espolvorear

Para la picada
100 ml de aceite de oliva
2 dientes de ajo, picados
2 cebollas pequeñas, troceadas
1 rebanada de pan blanco o de masa madre
2 pastillas de chocolate negro, ralladas
20 g de almendras peladas
un puñado de perejil

Caliente 75 ml del aceite en una cazuela grande, añada la cebolla y sofríala suavemente unos 15 minutos hasta que se ablande. Agregue el ajo, sofría un par de minutos, luego añada el tomate y salpimiente bien. Deje cocer a fuego lento unos 30-45 minutos hasta que espese pero sin secarse.

Mientras, prepare la picada. Caliente un poco de aceite en un cazo y fría lentamente el ajo y las cebollas hasta que se ablanden. Retire del cazo y reserve. Caliente un poco más de aceite y fría en él el pan para que se dore pero sin tostarse. Añádalo a la cebolla y el ajo con el resto de ingredientes y tritúrelo todo con la batidora o en el mortero, con suficiente aceite para que se forme una pasta. Reserve.

Añada el caldo a la salsa de tomate reducida y lleve a un suave hervor. Introduzca la punta de un cuchillo afilado en las patatas y gírelo para que se quiebren (en lugar de cortarlas). Añádalas a la cazuela y deje cocer 15 minutos hasta que empiecen a ablandarse.

Mientras se cuecen las patatas, caliente el resto del aceite en una sartén antiadherente. Espolvoree el pescado con la harina y fríalo un minuto o dos para que se dore por ambos lados. Reserve.

Cuando las patatas estén casi listas, eche la picada a la salsa y remueva bien. Incorpore el pescado con cuidado a la cazuela y deje cocer unos 4-5 minutos más hasta que la salsa espese y el pescado esté al punto (cuando el pescado quede opaco y al insertar un cuchillo ceda fácilmente). Sirva con abundante pan crujiente.

Esta es mi idea de comida reconfortante. Hay que comerla con las manos: ensuciarse un poco forma parte del proceso.

He realizado algunos cambios a la receta tradicional, que suele llevar mucha más salsa y se sirve en un bol en lugar de sobre una tostada. Además, por lo general las sardinas se cocinan a la plancha, no fritas.

También utilizo patatas para espesar la salsa, en lugar de picada, porque creo que redondea y hace más apetecible el plato.

Tostada de sardinas con suquet

4 raciones

50 ml de aceite de oliva
2 cebollas grandes, picadas finas
1 pimiento verde, picado fino
1 cucharada de pimentón
500 g de patatas cerosas pequeñas
1 pimiento choricero seco
300 ml de caldo de pescado natural
sal marina y pimienta negra recién molida

Para las sardinas

4 sardinas pequeñas frescas, fileteadas
1 diente de ajo, en láminas finas
raspadura de 1 limón y un chorrito de su zumo
2 cucharadas de perejil picado fino
aceite de oliva para freír
3 cucharadas de harina blanca, salpimentada
1 huevo campero, batido
4 rebanadas de pan de masa madre, tostado
aceite de oliva virgen extra para rociar

Ponga las sardinas en un plato con el ajo, la raspadura y el zumo de limón, y el perejil. Deje que repose en la marinada mientras prepara el suquet.

Caliente el aceite de oliva en una cazuela y sofría suavemente la cebolla y el pimiento durante 20 minutos hasta que se ablanden bien. Añada el pimentón y deje cocer un minuto. Introduzca la punta de un cuchillo afilado en las patatas y gírelo para que se quiebren (en lugar de cortarlas). Añádalas a la cazuela con el pimiento choricero, el caldo, sal y pimienta. Tape la cazuela y deje cocer a fuego lento 40 minutos hasta que las patatas se ablanden y la salsa espese.

En una sartén honda pequeña, caliente el aceite de oliva para freír a 180 °C, o hasta que un dado de pan se dore en él en 20 segundos. Retire las sardinas de la marinada y séquelas con papel de cocina. Páselas por la harina condimentada y luego por el huevo batido. Con cuidado, échelas a la sartén y fríalas uno o dos minutos hasta que se doren y queden crujientes. Retírelas con una espumadera y séquelas sobre papel de cocina.

Unte el pan tostado con el suquet, coloque las sardinas encima y rocíe con un poco de aceite de oliva virgen extra.

El arroz negro es un plato muy popular y una receta verdaderamente deliciosa, normalmente elaborada con tinta de calamar, calamar y gambas, todo acompañado de alioli.

Esta receta es algo diferente porque, para colorear el arroz, en lugar de tinta utilizamos cebolla, que cocemos prolongadamente. Hay personas de Gerona que me han dicho que esta es la receta original. No sé si será cierto, pero resulta extremadamente rico.

Me encanta la tinta de calamar, pero ¡con la cebolla no se quedan los labios negros!

Arroz negro con sepia y butifarra

4 raciones

70 ml de aceite de oliva
150 g de butifarra negra cruda, troceada
350 g de sepia fresca, limpia y picada
4 cebollas grandes, picadas
sal marina y pimienta negra recién molida
250 g de arroz bomba u otra variedad de grano corto
1 litro de caldo de pescado natural

Caliente el aceite en una cazuela y fría la butifarra y la sepia hasta que se doren. Retire con una espumadera y reserve.

Añada la cebolla a la cazuela, salpimiente y deje cocer a fuego muy lento 2-3 horas, hasta que quede muy blanda y de color marrón oscuro. Si le parece que se va a pegar, añada unas gotas de agua.

Devuelva la butifarra y la sepia a la cazuela e incorpore el arroz y el caldo. Lleve a ebullición y deje cocer 15 minutos, removiendo de vez en cuando hasta que el arroz absorba el caldo y quede cocido al punto. Sirva enseguida.

En Cataluña, se suele utilizar bacalao salado para este plato, pero vamos a emplear bacalao fresco y lo curaremos nosotros mismos con abundante sal marina. No utilice sal de mesa, ya que tiene aditivos y su sabor es distinto.

Bacalao a la llauna con espinacas y pimientos del piquillo

6 raciones

1,2 kilos de suprema de bacalao, con piel
750 g de sal marina gruesa
2-3 cucharadas de harina blanca
250 ml de aceite de oliva ligero
4 dientes de ajo, en láminas finas
2 cucharaditas de pimentón
50 ml de vinagre de Jerez
3 pimientos del piquillo, escurridos, abiertos y partidos por la mitad
1 cucharada de aceite de oliva
120 g de uvas pasas
3 cucharadas de piñones
500 g de espinacas baby

Ponga el bacalao en un recipiente de plástico, cúbralo completamente con la sal y deje reposar 20-30 minutos. Lávelo y séquelo, luego córtelo en 6 trozos y enharínelo.

Precaliente el horno a 180 °C (gas potencia 4).

Caliente el aceite de oliva ligero en una cazuela apta para el horno —no demasiado— y añada el pescado. Cocínelo 5 minutos, dándole la vuelta a media cocción, hasta que se dore. Retírelo de la cazuela con una espumadera y déjelo en un plato sobre papel de cocina.

Añada el ajo y fríalo suavemente un minuto. Agregue el pimentón y el vinagre. Devuelva el pescado a la cazuela y disponga encima del mismo los pimientos. Métalo en el horno 5-6 minutos hasta que el pescado se cueza al punto (cuando se vea opaco y al introducir un cuchillo la carne ceda fácilmente).

Mientras, caliente el aceite de oliva en una sartén y fría las pasas y los piñones hasta que los piñones empiecen a dorarse. Añada las espinacas y saltéelas rápidamente hasta que empiecen a quedar mustias. Reparta entre seis platos calentados, coloque un trozo de pescado encima con el pimiento y salsee. Sirva con pan.

En Cataluña, el domingo se toma el vermut y se acompañan las bebidas con conservas de pescado o marisco. Puede tratarse de berberechos, sardinas o, por supuesto, mejillones en escabeche, que se sirven en la propia lata con una bandeja de patatas fritas.

He aquí mi receta para preparar mejillones en escabeche: fácil, buenísima e ideal para cualquier día de la semana.

Mejillones en escabeche

4 raciones

2 cucharadas de aceite de oliva
1 cebolla pequeña, picada fina
1 zanahoria pequeña, en rodajas finas
1 rama de apio, en rodajas finas
1 cucharadita de pimentón
1 diente de ajo, en láminas finas
2-3 ramitas de tomillo fresco
1 hoja de laurel fresco
75 ml de vinagre de vermut
200 ml de vino blanco
150 ml de caldo de marisco natural
sal marina y pimienta negra recién molida
1 kg de mejillones frescos, limpios

Caliente el aceite en una cazuela y añada las verduras. Deje cocer 15 minutos hasta que se ablanden, luego añada el pimentón, el ajo y las hierbas, y deje cocer uno o dos minutos más. Incorpore el vinagre y deje burbujear un minuto antes de agregar el vino y el caldo. Salpimiente bien, tape y deje cocer 40 minutos. En este momento, puede reservar el escabeche hasta que vaya a cocer los mejillones: el sabor se intensificará si se deja reposar unas horas.

Cuando vaya a servir, recaliente el escabeche. Ponga una olla grande a fuego fuerte. Cuando este bien caliente, añada los mejillones y un chorrito de agua, tape y deje cocer 1-2 minutos hasta que se abran los mejillones y estén al punto (deseche los mejillones que no se hayan abierto).

Vierta en un cuenco grande, salsee con el escabeche y sirva.

La Tancada es un restaurante de Amposta que también ofrece instalaciones de acampada, si se desea. Se encuentra en la provincia de Tarragona, una província preciosa de Cataluña.

Allí pido xapadillo, que en mi viaje de investigación para el libro fue uno de los mejores platos que probé. El xapadillo es anguila frita, y aunque de entrada tal vez no parezca un plato muy tentador, el color dorado y la textura crujiente de la anguila pescada a escasos metros del restaurante harán que se pregunte si hay algo mejor.

Xapadillo

2-4 raciones

1 anguila fresca o 2 si son pequeñas (500 g)
600 g de sal marina gruesa
raspadura y zumo de 1 naranja
aceite de oliva para freír

Corte la cabeza de la anguila, ábrala por la mitad a lo largo y límpiela (esto puede hacerlo el pescadero). Póngala en un recipiente de plástico y mézclela con la sal, la raspadura y el zumo de naranja y déjela curar 5 horas.

Retire la anguila del recipiente, lávela y séquela con papel de cocina. Cuélguela para que se seque en el frigorífico sobre un estante botellero (u otro espacio donde pueda colgarla, como unas varillas de bambú) durante 24 horas.

Caliente una sartén honda pequeña con aceite de oliva a 180 °C o hasta que al echar un dado de pan este se dore en 20 segundos. Corte la anguila en tiritas y échelas al aceite caliente. Fríalas 2-3 minutos hasta que queden crujientes, doradas y cocidas. Cómalas enseguida.

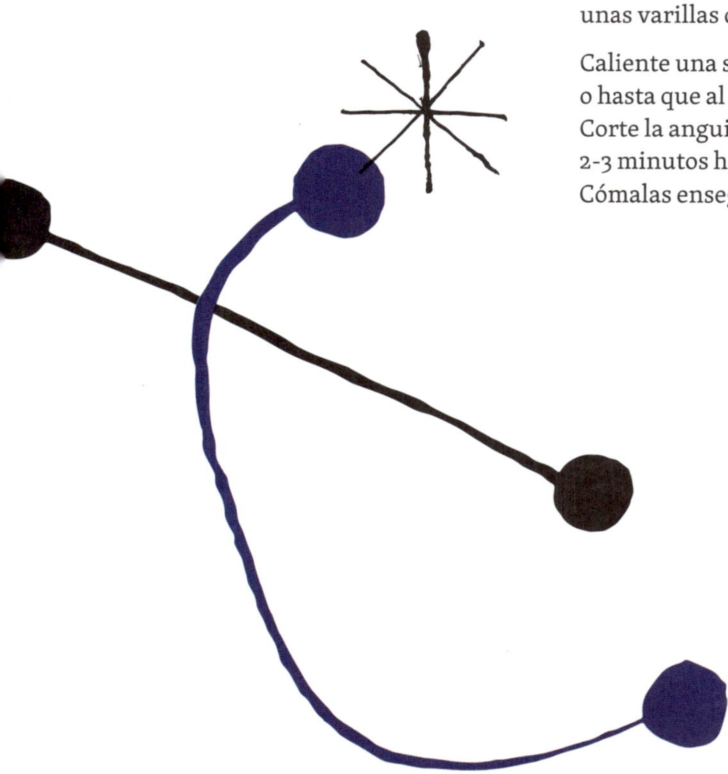

Soy un gran aficionado del bacalao salado y esta es una de mis ensaladas favoritas con este fantástico ingrediente.

Todo el mundo parece desalar el bacalao remojándolo en agua durante unas 24 horas, pero me gusta tanto que yo simplemente le quito la piel salada y lo desmenuzo para dejarlo en agua unos 20 minutos. Si lo prefiere menos salado, déjelo en remojo más tiempo y cambie el agua con más frecuencia.

La salsa xató es muy parecida a la salsa romesco; acuérdese de no hacerla demasiado salada porque el bacalao lo compensará.

Xató

4 raciones

1 tomate grande, partido por la mitad
15 g de almendras marcona
15 g de avellanas peladas
200 ml de aceite de oliva para freír
5 dientes de ajo, pelados
40 g de pan blanco algo seco, troceado
1 cucharada de vinagre de Jerez
sal marina y pimienta negra recién molida
400 g de bacalao salado, desmenuzado y en remojo en agua fría durante 20 minutos o toda la noche (si puede, cambie el agua un par de veces), según lo salado que lo desee
1 escarola, lavada y las hojas troceadas
100 g de aceitunas negras con hueso

Cocine el tomate bajo el gratinador hasta que quede bien tierno.

Mientras, tueste los frutos secos en una sartén en seco hasta que empiecen a dorarse. Reserve.

Caliente el aceite en la sartén a fuego lento y añada el ajo. Sofría unos minutos hasta que se dore y se ablande, luego añada el pan y fríalo todo junto hasta que el pan también se dore. Agregue los frutos secos y deje cocer un poco más antes de echarlo todo en el vaso de la batidora. Añada el tomate (sin piel) y el vinagre, triture y salpimiente al gusto.

Escurra el bacalao y séquelo. Disponga las hojas de escarola sobre una bandeja, esparza el bacalao por encima, rocíe con la salsa xató y acabe con las aceitunas.

¡Siempre que hay navajas en el menú tengo que pedirlas! Aquí se sirven con jamón ibérico y una copa de cava: de ensueño.

Para esta receta, se limpian las navajas retirando el pie y el estómago, y troceándolas para mezclarlas con la vinagreta. También me encanta comerlas simplemente abiertas, a la plancha y de un bocado.

Navajas con vinagreta de jamón y cava

4 raciones

24 navajas frescas pequeñas
aceite de oliva para freír
75 g de jamón, picado fino
1 escalonia pequeña, picada fina
un puñado de perejil picado
un manojito de cebollino picado fino
2 cucharadas de cava
un buen chorrito de zumo de limón
sal marina y pimienta negra recién molida
4 cucharadas de aceite de oliva virgen extra

Ponga una olla grande a fuego fuerte. Lave las navajas concienzudamente bajo un chorro de agua fría. Échelas a la olla con un chorrito de agua y tape. Deje cocer 30 segundos, sacudiendo la olla, hasta que las navajas se abran (deseche las que no se hayan abierto).

Retire la carne de las conchas. Con un cuchillo afilado, corte el pie de la navaja —la parte oscura y bulbosa de un extremo— y retire el saco estomacal central y el intestino para quedarse solo con la dulce y firme carne blanca.

Mientras, caliente un poco de aceite de oliva en una sartén y fría el jamón hasta que quede crujiente. Retírelo con una espumadera y reserve, dejando la grasa en la sartén.

Mezcle la escalonia con las hierbas, el cava y el zumo de limón y salpimiente bien. Incorpore el aceite de oliva virgen extra y mezcle bien.

Ponga la sartén de nuevo en el fuego y fría las navajas cortadas en la grasa del jamón hasta que acaben de cocerse. Sirva esparcidas con el jamón y rociadas con el aliño.

La Escala es un precioso pueblo de la Costa Brava famoso por su industria pesquera. Sus anchoas son conocidas por desafiar las frías aguas.

Tradicionalmente, los hombres salían a pescar y las mujeres luego preparaban, cocinaban y conservaban el pescado.

En la actualidad, las anchoas ya vienen limpias, sin espinas y en aceite, o se pueden comprar saladas en tarros —estas hay que limpiarlas, y son mis preferidas—: ¡una maravilla!

Ensalada de anchoas de La Escala

4 raciones

5-6 cucharadas de yogur natural
2 cucharaditas de mejorana picada
raspadura de ½ limón rallada fina
sal marina y pimienta negra recién molida
unas cuantas hojas de escarola
12-16 filetes de anchoa
1 tomate maduro, pelado, sin semillas y troceado
aceite de oliva virgen extra para aliñar
4 rebanadas de pan de masa madre, tostado

Mezcle el yogur con la mejorana y la raspadura de limón y salpimiente al gusto.

Mezcle las hojas de escarola con las anchoas, el tomate y un chorrito de aceite de oliva virgen extra.

Unte las tostadas con la mezcla de yogur y disponga la ensalada de anchoas y tomate encima. Sirva.

He agregado cebolla caramelizada a esta receta para hacerla más dulce. También se puede freír un poco de butifarra negra y añadirla al final, con lo que se obtiene otro plato de mar y montaña.

Cuando cocinaba para todo el equipo en el Ampurdán, no pude resistirme a añadir flores de romero a la receta, no solo por su color, sino también por su sabor.

Chipirones con habas y menta

4 raciones

50 ml de aceite de oliva, y más para freír
50 g de mantequilla sin sal
2 cebollas grandes, en láminas muy finas
500 g de chipirones frescos, limpios
300 g de habitas
150 ml de caldo de pescado natural
2 cucharadas de menta picada
flores de romero, para decorar (opcional)

Caliente el aceite de oliva y la mantequilla en una sartén y, cuando se forme espuma, añada la cebolla. Cocínela a fuego lento 10 minutos y luego tape la sartén y deje cocer 45-50 minutos más hasta que quede pegajosa y caramelizada.

Cuando la cebolla esté casi lista, caliente una capa de aceite en una sartén a fuego vivo. Fría los chipirones un par de minutos hasta que queden casi cocidos y algo churruscados. Añada los chipirones a la cebolla con las habas y el caldo y deje cocer a fuego lento unos minutos hasta que las habas y los chipirones estén listos. Incorpore la menta y las flores de romero, si las usa. Sirva enseguida.

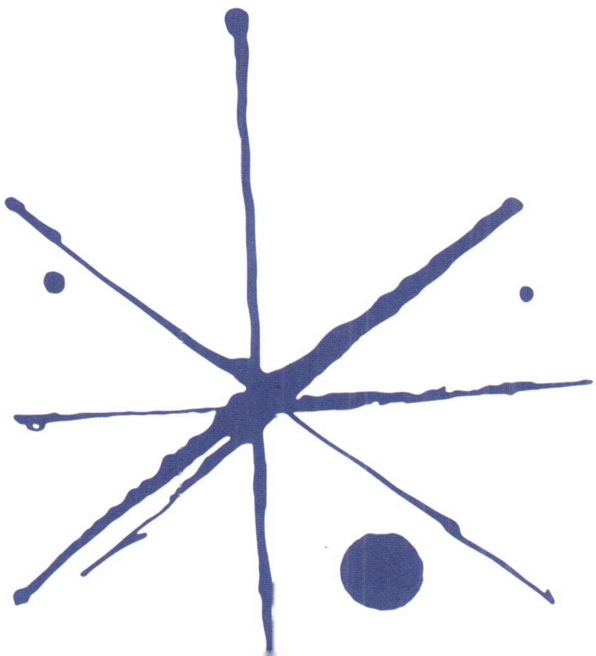

Los platos de pasta son una parte importante de la cocina catalana desde el siglo XVII, y algunas de las antiguas recetas siguen siendo muy conocidas, como los canelones de la página 60 o la *fideuà* o *sopa de galets*, típica en Navidad. Los galets, o tiburones, son conchas grandes de pasta que se pueden rellenar con carne.

Probé algo parecido a esta receta en un restaurante del viejo barrio marinero de la Barceloneta. El restaurante se llama Suquet de l'Almirall y vale la pena ir para probar este plato. Este y la paella Denominación Origen (DO) Barceloneta.

Rigatoni con gambas y mejillones

4 raciones

350 g de rigatoni secos
500 g de mejillones frescos, limpios
2 cucharadas de aceite de oliva
50 g de mantequilla
1 escalonia alargada, picada finamente
½ diente de ajo, picado
16 gambas grandes crudas, peladas, con la cola
300 ml de caldo de marisco natural
100 ml de nata espesa para montar
un chorrito de zumo de limón
1 cucharada de cebollino troceado

Lleve una olla de agua con sal a ebullición y cocine la pasta 10-12 minutos.

Mientras, ponga una olla a fuego fuerte. Cuando esté bien caliente, añada los mejillones con un chorrito de agua, tape y deje cocer al vapor hasta que se abran. Escurra los mejillones (deseche los que no se hayan abierto) y sáquelos de las conchas.

En otra olla, caliente el aceite y la mantequilla y fría la escalonia 10 minutos hasta que se ablande. Añada el ajo y las gambas y fría hasta que las gambas adquieran un color rosado. Retire las gambas y reserve.

Añada el caldo y la nata a la olla donde ha frito las gambas. Deje cocer suavemente hasta que espese y luego añada un chorrito de zumo de limón. Escurra la pasta y añádala a la salsa con el marisco y el cebollino. Sirva enseguida.

Como sabrá, soy un gran aficionado a los guisos de carne o pescado cocidos de manera sencilla. Esta receta de rape causa impresión al llevarla a la mesa. Es ideal para servirla a sus invitados porque es fácil de preparar. ¡A disfrutar se ha dicho!

Cola de rape guisada con salsa de tomillo limonero

4-6 raciones

4 escalonias alargadas, peladas y cortadas en cuñas
los dientes de 1 cabeza de ajos
500 g de patatas, troceadas
500 g de tomates en rama pequeños, partidos por la mitad
12-14 alcaparras
unas ramitas de tomillo limonero
aceite de oliva
sal marina y pimienta negra recién molida
2 kg de cola de rape entera, sin piel
100 ml de vino blanco

Para la salsa
hojas de 4 ramitas de tomillo limonero
un buen puñado de perejil picado
raspadura fina y zumo de 1 limón
1 pimiento rojo picante, picado fino
1 cabeza de ajos, asada
120 ml de aceite de oliva virgen extra

Precaliente el horno a 200 °C (gas potencia 6).

Mezcle la escalonia, el ajo, las patatas, el tomate, las alcaparras y el tomillo limonero en una fuente para el horno con un buen chorro de aceite de oliva y abundante sal y pimienta.

Unte el rape con aceite, salpimiente bien y dispóngalo sobre las verduras. Áselo en el horno 20 minutos, luego añada el vino blanco y áselo 20-25 minutos más hasta que el pescado quede cocido al punto y las verduras bien tiernas.

Mientras, prepare la salsa. En el vaso de la batidora triture las hierbas, la raspadura y el zumo de limón, y el pimiento. Cuando el pescado esté listo, presione los dientes de ajo asados para que se pelen y añádalos a la salsa. Triture de nuevo con suficiente aceite de oliva virgen extra para que quede suelta. Sirva el pescado y las verduras con la salsa.

Ver salmonetes en la pescadería, o en la lonja, me llena de felicidad. Es un pescado precioso de asombroso sabor, con unos ojos que dicen «¡Cómprame y cocíname!».

Este plato se me ocurrió después de probar otro en el restaurante que mi amigo Rick Stein tiene en Padstow: salmonete relleno de carne de cangrejo. Delicioso.

He variado un poco esta receta para introducir ingredientes catalanes, y creo que funcionan a la perfección.

Salmonete relleno de anchoas, aceitunas y alcaparras

4 raciones

6 anchoas saladas
75 g de aceitunas negras
1 diente de ajo
1 cucharada de alcaparras, escurridas y lavadas
un puñado de perejil, troceado
raspadura fina de 1 limón
1 yema de huevo campero hervido
1-2 cucharadas de aceite de oliva, y más para freír
4 salmonetes, fileteados
1 kg de tomates maduros de una variedad tradicional, en rodajas
un puñado de tallos de estragón, separados de las hojas
aceite de oliva virgen extra

En el vaso de la batidora o en el mortero, triture las anchoas, las aceitunas, el ajo, las alcaparras, el perejil, la raspadura de limón y la yema de huevo hasta obtener una pasta compacta. Añada suficiente aceite de oliva para aligerarla.

Ponga cuatro de los filetes de salmonete con la piel hacia abajo sobre una tabla. Úntelos con la pasta elaborada y disponga encima otro filete con la piel hacia arriba, como para montar un bocadillo. Átelo con hilo de cocina.

En un cuenco, mezcle los tomates con el estragón y un buen chorro de aceite de oliva virgen extra.

Caliente un poco de aceite en una sartén y fría el pescado 1-2 minutos por cada lado hasta que esté cocido y dorado. Sirva los bocadillos de salmonete con la ensalada de tomate.

todo
va mejor
con
Coca-Cola
PEIX
PAN TOSTADO
CAL. ROMANA 6'20
BOMBA 2'00
ARENGUE
MORCILLAS 3'50
SARDINAS 5'50
BARAT
BACON 1'90
CALAMAR
HABAS 2'20
PULPO 4'00
BUTIFARRA 3'50
RECORTES PULPO
CHORIZO 3'50
BACALAO 6'00
CAP i POTA
ESCABECHE
AMANIDA
ESQUEIXADA 4'50
JUDIAS
GAMBES
GARBANZOS
ESCAMARLA
ENSALADILLA
3 BUNYOLS BAC 3'60

He tomado versiones distintas de esta receta en diversos lugares: en Atrio, Cáceres, y en La Tancada, también. En Atrio la acaban con caviar y en La Tancada con aceite de oliva, tomates cherry y flores. Ambas versiones son fantásticas. Este es un plato impresionante, ¡y los invitados agradecerán que lo cocine para ellos!

Carpacho de gambas

2 raciones

un puñado de hojas de albahaca
170 ml de aceite de oliva virgen extra
100 g de tomates cherry variados, pelados
sal marina y pimienta negra recién molida
300 g de gambas crudas grandes, peladas y sin intestino
flores comestibles para decorar

Escalde las hojas de albahaca en agua hirviendo 2 segundos, luego páselas por agua fría y escúrralas sobre papel de cocina. Póngalas en el vaso de la batidora con 70 ml de aceite de oliva y triture. Reserve.

Mezcle los tomates con el resto del aceite de oliva y salpimiente abundantemente. Deje marinar de 30 minutos a 1 hora.

Abra las gambas con un cuchillo muy afilado, luego córtelas en finas láminas en diagonal para obtener cortes más grandes, como si fileteara salmón ahumado o marinado.

Disponga las gambas en una bandeja. Separe los tomates del aceite, pártalos por la mitad e intercálelos con las gambas. Esparza las flores y aliñe con el aceite de albahaca. Para terminar, espolvoree con sal marina y sirva.

Cuando uno ve aproximarse a su mesa una bandeja con esta maravilla de marisco, le aseguro que se siente feliz.

No olvide mojar pan en el jugo de la bandeja: el limón ayuda a mantener el jugo y aporta algo de acidez.

Cigalas asadas

4 raciones

36 cigalas vivas
zumo de 1 limón
aceite de oliva
sal marina y pimienta negra recién molida

Precaliente el horno a 200 °C (gas potencia 6). Corte las cigalas por la mitad a lo largo con un movimiento rápido y limpio. Rocíe la carne con un poco de limón.

Disponga las cigalas en una bandeja de horno, con el corte arriba, y rocíe con aceite de oliva. Áselas 4-5 minutos, salpimiéntelas y sirva enseguida con pan para mojar.

Creo que esta receta tradicional de las Tierras del Ebro es perfecta para compartirla con amigos, en la terraza, un día soleado. Eso me encanta.

Hornee las verduras y el pescado y luego cómalos sobre un pan crujiente. Oh… ¡una cerveza para mí!

Clotxa

4 raciones

350 g de tomates cherry
170 g de escalonias, peladas
los dientes de 1 cabeza de ajos
1 puerro, en rodajas
hojas de 3-4 ramitas de tomillo
aceite de oliva
sal marina y pimienta negra recién molida
un pan de payés (o de pueblo) blanco de 1/2 kg
4 sardinas frescas, fileteadas

Precaliente el horno a 200 °C (gas potencia 6).

Ponga los tomates, las escalonias, el ajo, el puerro y el tomillo en una fuente para el horno y rocíelo con aceite de oliva. Salpimiente bien y áselo 30-40 minutos, removiendo de vez en cuando, hasta que quede tierno y blando.

Corte la parte superior de la hogaza de pan y retire la miga del centro (puede guardarla para tomarla con el plato después si lo desea).

Cuando las verduras estén casi listas, caliente un poco de aceite en una sartén y fría las sardinas un par de minutos por cada lado hasta que se doren y cocinen.

Pase las verduras asadas y todo el jugo al interior del pan y disponga el pescado encima. Sirva enseguida con mucho pan adicional para mojar.

Me encanta acudir al programa británico *Saturday Kitchen*: es muy divertido y me ofrece la oportunidad de cocinar junto a algunos chefs maravillosos. Hace unos meses coincidí con la chef Andi Oliver y preparó una coliflor entera con cúrcuma y queso Stilton tan deliciosa que he estado dando vueltas hasta encontrar mi propia receta. ¡Aquí la tiene! Acuérdese de aprovechar las hojas: córtelas y fríalas con un poco de mantequilla y ajo para servirlas en el mismo plato.

Coliflor entera con salsa de anchoas

4-6 raciones

1 coliflor grande
aceite de oliva
sal marina y pimienta negra recién molida
2 escalonias alargadas, picadas finas
3 dientes de ajo, en láminas finas
una buena pizca de copos de guindilla seca
8 anchoas saladas, picadas finas
600 g de tomates frescos, picados finos
75 ml de caldo vegetal natural
100 ml de nata espesa para montar
50 g de mantequilla sin sal

Precaliente el horno a 200 °C (gas potencia 6).

Retire las hojas de la coliflor y resérvelas para prepararlas después. Lleve a ebullición una olla grande de agua con sal y escalde la coliflor 4-5 minutos. Escúrrala bien.

Ponga la coliflor en una fuente para el horno y rocíela con aceite de oliva. Salpimiente bien y ásela 40-50 minutos hasta que quede tierna y dorada.

Mientras, prepare la salsa. Añada un poco de aceite de oliva a una sartén y sofría las escalonias 10 minutos hasta que se ablanden. Agregue la mitad del ajo y los copos de guindilla y deje cocer un minuto más. Añada las anchoas y deje que se deshagan, luego incorpore los tomates y el caldo.

Salpimiente y deje cocer 10-15 minutos hasta que el tomate se deshaga. Añada la nata y sofría un minuto más.

Caliente la mantequilla en otra sartén con el resto del ajo y fría las hojas de coliflor con abundante sal y pimienta. Sirva la coliflor con las hojas y la salsa de anchoa por encima.

Creo que este es uno de los platos que más preparo en casa. Es supersencillo y, como siempre ocurre con el pesado, rápido de cocinar, lo cual es ideal cuando hay hambre y poco tiempo para comer.

Pida al pescadero que le proporcione pescado salvaje si es posible, ya que es mucho mejor.

La ensalada de naranja y cebolla morada es perfecta para combinar con el pescado, pero también es genial para disfrutar con cualquier tipo de carne o pescado a la plancha.

Besugo a la sal con ensalada de naranja y cebolla encurtida

4 raciones

2 claras de huevos camperos
250 g de sal marina gruesa
hojas de 10 ramitas de tomillo
4 hojas de laurel
2 besugos enteros (de unos 600 g cada uno), sin tripas

Para la ensalada

2 cebollas moradas, cortadas en cuñas finas
2 cucharaditas de semillas de cilantro
100 ml de vinagre de vino blanco
50 ml de vinagre de Jerez
60 g de azúcar extrafino
2 naranjas, peladas y en rodajas
hojas de un puñado de perejil
hojas rasgadas de 1 achicoria
aceite de oliva virgen extra para aliñar

Precaliente el horno a 180 °C (gas potencia 4).

Para la ensalada, ponga la cebolla en un bol con las semillas de cilantro. En un cazo caliente los vinagres, el azúcar y 100 ml de agua hasta que el azúcar se disuelva. Luego vierta el líquido caliente sobre las cebollas. Deje marinar mientras se cuece el pescado.

Bata las claras y mezcle con la sal, tomillo y laurel. Ponga dos capas de la mezcla en una bandeja de horno del tamaño aproximado de los pescados. Disponga los besugos encima de la sal y cúbralos con el resto de la mezcla. Deles unos golpecitos para que queden totalmente cubiertos. Hornee 25-30 minutos hasta que la sal endurezca. Deje que el pescado repose mientras acaba de preparar la ensalada.

Escurra la cebolla y mézclela con la naranja, perejil y achicoria. Rocíe con abundante aceite de oliva virgen extra. Rompa la capa de sal y sirva el pescado con la ensalada.

Por todo el Delta del Ebro encontrará magníficos restaurantes donde disfrutar las especialidades con arroz de la zona elaboradas con otros productos locales. Esta es mi receta para el arroz con langosta, con un poco de ayuda del restaurante Ca'l Faiges... su langosta sabe a gloria.

Si tiene la suerte de visitar este establecimiento, no pida una ración entera por persona: ¡las cantidades son verdaderamente generosas! Y acuérdese de pedir también ortiguillas (anémonas). Las sirven simplemente fritas y le aseguro que no se arrepentirá.

Arroz con langosta

6-8 raciones

2 langostas vivas (de unos 700 g cada una)
500 ml de caldo de marisco natural
500 ml de caldo de pollo natural
60 ml de aceite de oliva
2 cebollas grandes, picadas finas
4 dientes de ajo, en láminas
300 g de arroz bomba u otra variedad de grano corto
200 ml de vino blanco
600 g de tomates frescos, picados finos
sal marina y pimienta negra recién molida
una buena pizca de hebras de azafrán
500 g de merluza, troceada
500 g de almejas frescas, limpias

Con un cuchillo grande afilado, corte las langostas por la mitad a lo largo con un solo movimiento. Retire el estómago y deséchelo. Retire las pinzas y ábralas con el mango de un cuchillo o un rodillo. Retire las patas pequeñas. Reserve.

Mezcle los caldos en un cazo y caliente hasta que humeen.

Caliente el aceite en una cazuela grande. Sofría la cebolla 10 minutos hasta que se ablande. Añada el ajo y el arroz y sofríalo un minuto hasta que el arroz se tueste. Agregue el vino y el tomate y deje cocer, removiendo, hasta que se absorba el vino, luego añada las hebras de azafrán.

Vierta 750 ml del caldo caliente sobre el arroz, remueva bien y salpimiente. Disponga las langostas entre el arroz y deje cocer a fuego lento, sin remover, 15 minutos. Incorpore la merluza y cuézala 3-5 minutos más y luego añada las almejas y otro chorro (150-200 ml) de caldo. Tape la cazuela y deje cocer 1-2 minutos hasta que las almejas se abran (deseche las que queden cerradas).

Sirva enseguida con mucho pan.

Florián, de Bagur, me preparó este plato con la pesca del día. Después de poner los calamares en la plancha, recuerdo que nos sentamos en el jardín aquel glorioso día primaveral y bocado a bocado fueron desapareciendo. Su hospitalidad es maravillosa. La foto de la página siguiente es de la receta de Florián, ¡estaba tan rica como parece!

Yo he añadido unos cuantos ingredientes y creo que combinan a la perfección.

Calamares marinados a la plancha

4 raciones

4 calamares pequeños frescos, limpios y cortados en tiras grandes
100 ml de aceite de oliva
1 diente de ajo, machacado
unas ramitas de tomillo o romero
sal marina en copos
aceite de oliva virgen extra para aliñar
cuñas de limón para servir

Ponga los calamares en un recipiente con el aceite, el ajo y las hierbas, y déjelos marinar unas cuantas horas.

Caliente bien una plancha o una sartén de base gruesa. Cocine el calamar 1-2 minutos por cada lado hasta que se rice y se dore.

Sazone con la sal marina y sirva con un hilo de aceite de oliva virgen extra y las cuñas de limón para aliñarlo.

Algunas de las mejores almejas del mercado de la Boquería de Barcelona son las del Bar Pinotxo. Van directas del pescadero a la plancha, donde se encuentran con el aceite de oliva. La mejor manera de degustarlas es con una copa de cava. Y no hay que olvidarse del pan para mojar.

Almejas a la plancha con aceite de oliva

4 raciones

1 kg de almejas grandes frescas, limpias
sal marina en copos
aceite de oliva virgen extra

Caliente bien una plancha o una sartén de base gruesa. Añada las almejas formando una sola capa y cocínelas 1-2 minutos, dándoles la vuelta una vez, hasta que se abran (deseche las que no se hayan abierto). Páselas a un cuenco grande, sazónelas y rocíelas con abundante aceite de oliva virgen extra. Sirva enseguida con mucho pan para mojar.

VERDURA

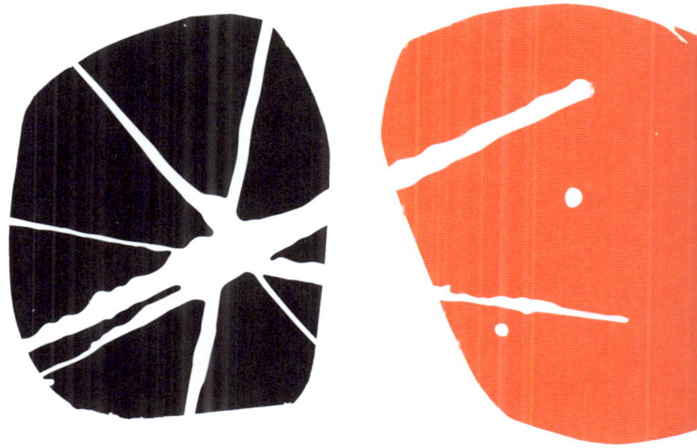

Algunos de mis amigos son... ¡vegetarianos! Aunque yo no lo sea, ello no me impide apreciar el maravilloso mundo de las verduras y disfrutar de ellas. Me gustan especialmente las hortalizas de calidad que se cultivan en Cataluña. Al proceder de una familia de granjeros, me crie comprendiendo el cariño y el placer, pero también el enorme esfuerzo que implica cuidar un huerto.

A veces, si los ingredientes son realmente buenos y frescos, y están bien preparados y condimentados, me gusta comer un plato de verduras sin más, dejando que los sabores hablen por sí solos. Crudos o cocidos, solos o como acompañamiento, los vegetales son tan versátiles que vale la pena explotar el lado creativo.

Para mí, cocinar y degustar la diversidad de verduras es como escuchar una orquesta: cada elemento posee su propio carácter y sabor, pero preparados en armonía junto a otros, la experiencia gastronómica puede resultar extraordinaria.

El Priorato es una zona bellísima. Allí, después de visitar las bodegas Cellers de Scala Dei, fuimos a almorzar a un sitio excepcional: un pequeño restaurante llamado El Rebost de la Cartoixa. Me encanta este tipo de establecimiento: la bienvenida al llegar, el aspecto retro, los manteles de papel y, lo más importante, el increíble olor de la cocina.

También me gusta el hecho de que toda la familia esté implicada en el proyecto: la madre en la cocina, el padre en la sala y las hijas ayudando el fin de semana.

Comí una escalivada simplemente maravillosa, con aroma y sabores ahumados gracias a su cocción con carbón, como su nombre indica: *escalivar* significa «fer al caliu», es decir, «asar en el rescoldo».

La escalivada se elabora tradicionalmente con berenjenas y pimiento rojo, aunque hay quien dice que también lleva cebolla. El Rebost de la Cartoixa la sirve con patatas, cebolla, alcachofas y espárragos asados bajo el gratinador. Tal vez no sea la combinación más tradicional, pero sin duda está ¡deliciosa!

Escalivada

6 raciones

2 pimientos rojos
2 patatas medianas
1 cebolla, entera, con piel
2 berenjenas
los dientes de 1 cabeza de ajos
4 tomates maduros
aceite de oliva
2 alcachofas globo
sal marina y pimienta negra recién molida
aceite de oliva virgen extra para rociar
zumo de 1 limón

Caliente al máximo el gratinador y churrusque los pimientos situándolos debajo. Luego métalos dentro de una bolsa de plástico para que el vapor facilite que se desprenda la piel.

Precaliente el horno a 180 °C (gas potencia 4).

Envuelva las patatas y la cebolla en papel de aluminio y póngalas en el horno para que se cuezan al vapor unos 45-60 minutos, según su tamaño. Practique un corte a lo largo de cada berenjena y rellénelas con unos cuantos dientes de ajo. Póngalas en una fuente para el horno con los tomates, rocíelo todo con aceite de oliva y cueza 30 minutos los tomates y 1 hora las berenjenas.

Cocine las alcachofas en una olla al vapor 20-30 minutos hasta que queden bien tiernas.

Pele los pimientos y pártalos por la mitad, retire las semillas y córtelos en tiras. Pele la cebolla y córtela en cuartos. Corte las patatas en rodajas gruesas. Deje que se templen un poco las berenjenas y luego pélelas y córtelas en tiras.

Presione los dientes de ajo por un extremo para que se separe la pulpa de la piel. Disponga todas las verduras y el ajo en una bandeja, salpimiente abundantemente y aliñe con mucho aceite de oliva virgen extra y zumo de limón. Sirva caliente o a temperatura ambiente.

Las cocas son una especie de pizza de forma alargada. Las hay de toda clase: dulces, saladas, muy simples, muy complicadas; todas, en mi opinión, fantásticas.

Esta receta es ideal cuando le apetezca un plato vegetariano, pero no dude en añadirle unas anchoas, uno de mis ingredientes adicionales preferidos. Puede jugar con los ingredientes como le plazca, pero procure mantener los sabores de la cocina catalana.

Coca vegetariana

6 raciones

12 g de levadura fresca o un sobrecito de 7 g de levadura seca de acción rápida
330 ml de agua tibia
una pizca de azúcar
500 g de harina blanca, y más para espolvorear
10 g de sal marina fina
1 cucharada de aceite de oliva virgen extra
polenta fina para espolvorear

Para el relleno
1 calabaza pequeña, en cuñas
2 cebollas rojas, en cuñas
aceite de oliva
sal marina
unas ramitas de tomillo (o unas hojas de salvia)
150 g de castañas

En un bol, haga una mezcla con la levadura, un poco de agua y el azúcar. Cuando sea homogénea, añada tres cuartas partes del agua restante y deje reposar, tapado, 30 minutos hasta que empiece a burbujear.

Tamice la harina y la sal en el bol de la batidora de vaso. Añada el líquido de levadura y el aceite de oliva y trabaje la masa con el gancho de amasar 5 minutos a velocidad baja, añadiendo más agua si la masa parece algo seca. Deje reposar 10 minutos y luego amase 5 minutos más hasta obtener una masa suave y elástica. Tape y deje reposar 1 hora o hasta que doble de tamaño.

Mientras, caliente el horno a 200 °C (gas potencia 6). Ponga la calabaza y la cebolla en una fuente para asar, rocíelas con aceite y condiméntelas con sal y las ramitas de tomillo. Áselas 30 minutos hasta que empiecen a dorarse y ablandarse. Sáquelas del horno.

Divida la masa en seis partes iguales, luego extiéndala sobre una superficie enharinada y forme lenguas de 30 cm. Espolvoree dos bandejas de horno con un poco de polenta, disponga las lenguas de masa encima, tape con un trapo de cocina limpio y reserve en un lugar tibio 15 minutos.

Caliente el horno al máximo. Unte ligeramente las bases de las cocas con aceite de oliva y espolvoree con sal marina. Mezcle las castañas con la calabaza y la cebolla, y repártalas por encima de las cocas, dejando un margen de 2 cm. Hornéelas 10-12 minutos o hasta que las bases se doren y queden crujientes. Sirva enseguida.

Normalmente, preparo esta receta con sepia, ceps y alcachofas. Sin embargo, los ceps y las alcachofas son una combinación deliciosa, de modo que este plato resulta especialmente apetecible para mis amigos vegetarianos —sustituya el caldo de pollo por caldo vegetal natural para hacer una versión vegetariana—. Si le apetece añadir carne, agregue unas lonchas finas de panceta ibérica al final de la cocción para que se derritan: ¡son un manjar divino!

Arroz con ceps y alcachofas

6-8 raciones

100 ml de aceite de oliva para freír
2 cebollas, picadas finas
4 dientes de ajo, troceados
400 g de arroz bomba u otra variedad de grano corto
250 ml de vino blanco seco
500 ml de caldo de ceps (*Boletus edulis*)
500 ml de caldo de pollo natural
10 alcachofas tiernas, limpias
200 g de ceps frescos, en láminas

Caliente una cazuela muy grande o una paella a fuego bajo y añada 75 ml de aceite. Sofría lentamente la cebolla 15 minutos hasta que se ablande. Añada el ajo y el arroz y remueva bien durante 1-2 minutos para tostar los granos.

Caliente el vino y los caldos en un cazo y luego viértalos sobre el arroz, reservando un chorrito para el final de la cocción. Sazone y remueva, luego disponga las alcachofas entre los granos de arroz y cueza sin remover 20 minutos a fuego lento.

Fría los ceps en el aceite restante y dispóngalos entre el arroz cuando falten 5 minutos para el final de la cocción con un chorrito adicional de caldo. Sirva enseguida con pan crujiente.

El trinxat (o trinchado) catalán se elabora tradicionalmente con col, patatas y tocino, y me recuerda la receta británica del *bubble-and-squeak*. Este plato se halla en el menú de mi restaurante Pizarro, de la calle Bermondsey, en Londres. Lo preparamos al estilo tradicional, con jamón ibérico o beicon ahumado, pero emplear setas en lugar de la carne convierte la receta en un plato vegetariano fabuloso.

Cuando está a punto, la *única* manera de tomar este plato consiste en mezclarlo todo para que las yemas de huevo se conviertan en una especie de salsa.

Trinxat con huevo de pato y setas

4 raciones

500 g de patatas harinosas, en trozos tamaño bocado
¼ de col de hoja lisa, en tiras finas
aceite de oliva para freír
2 escalonias alargadas, en láminas finas
3 dientes de ajo, en láminas finas
sal marina y pimienta negra recién molida
250 g de setas silvestres variadas
unas ramitas de tomillo
50-75 ml de caldo vegetal natural
4 huevos de pato

Ponga las patatas y la col en una olla grande con agua hirviendo y cueza 20-25 minutos. Escúrralas bien y páselas a un bol.

Caliente una capa de aceite en una sartén y fría las escalonias 5 minutos hasta que se ablanden. Luego, añada la mitad del ajo y cueza 1 minuto más. Agregue este sofrito a las patatas con col, salpimiente bien y mézclelo todo. Cuando esté templado, forme ocho tortitas. Deje enfriar al menos 30 minutos para que adquieran firmeza.

Caliente un poco más de aceite en la sartén y añada el resto del ajo, las setas y el tomillo. Cueza a fuego fuerte unos minutos hasta que las setas se doren. Agregue el caldo y salpimiente, y cueza 5 minutos.

Caliente una capa de aceite en una sartén antiadherente y fría las tortitas de trinxat, por tandas, si es necesario, para que se doren por ambos lados y se calienten por dentro.

Fría los huevos en un poco de aceite de modo que la yema se mantenga líquida. Para servir, reparta las tortitas en cuatro platos calientes, disponga un huevo sobre las mismas y las setas por encima.

chillimon
PENIS PEPPER
100% ORGANIC SEEDS
CAMPEROL
6.90
€

Esta receta es muy parecida al pisto, o verduras estofadas, y a mí me encanta.

Siempre sirvo este plato con berenjenas cuando tengo invitados porque es ideal para compartir y prepararlo con antelación. Mi madre tiene fama de cocer mucho las verduras, de modo que seguro que aprobará esta receta: es de su estilo.

Aquí he utilizado comino en lugar de pimentón de la Vera, como haría con el pisto, porque creo que aporta un toque dulce agradable.

Berenjena rellena de samfaina

3-6 raciones

3 berenjenas
aceite de oliva
2 cebollas, en láminas finas
3 dientes de ajo, troceados
2 cucharaditas de comino molido
2 pimientos rojos, en tiras
8 tomates frescos grandes, pelados y troceados
sal marina y pimienta negra recién molida
30 g de mantequilla sin sal
50 g de pan rallado natural
40 g de avellanas peladas, troceadas bastamente
un puñado de perejil
raspadura fina de 1 limón

Precaliente el horno a 180 °C (gas potencia 4). Unte las berenjenas con aceite y áselas 50 minutos-1 hora hasta que estén bien blandas.

Mientras, caliente una buena cantidad de aceite en una sartén y sofría la cebolla 15 minutos hasta que esté lista. Añada el ajo y el comino y fría 1 minuto más.

Incorpore los pimientos y los tomates, y salpimiente abundantemente. Cueza 15-20 minutos. Cuando las berenjenas estén a punto, pártalas por la mitad a lo largo, vacíe la pulpa (conservando la piel) y trocéelas bastamente. Añada al sofrito y cueza 15 minutos más.

Caliente el gratinador a potencia medio alta.

Derrita la mantequilla en otra sartén y añada el pan rallado y las avellanas para que se doren. Salpimiente y mezcle con el perejil y la raspadura de limón.

Rellene las pieles de berenjena con la samfaina, espolvoree con el pan rallado y gratine 2-3 minutos hasta que se tueste. Sirva el plato caliente.

Siempre creí que el limón en conserva era originario del norte de África, y que había sido introducido en Cataluña por los musulmanes, pero descubrí que ya era habitual prepararlo aquí mucho antes de la llegada de estos.

Puede encurtir más de dos limones, ya que se conservan durante mucho tiempo y son perfectos para ensaladas, como esta de queso fresco (mató), o incluso algunos platos de pescado. Puede añadirlos al final para obtener un guiso extraordinario, ¡si le gusta el limón, claro!

Ensalada de mató con limón en conserva

4 raciones

- 2 limones
- 3 cucharadas de aceite de oliva virgen extra
- 3 cucharadas de azúcar extrafino
- 2 cucharadas de copos de sal marina
- 1 cucharada de granos de pimienta negra
- 1 pimiento rojo picante entero
- 2-3 ramitas de hierbaluisa o tomillo limonero
- un puñado de hojas tiernas de ensalada
- 150 g de guisantes frescos crudos
- 1 manojo de espárragos, laminados con un pelador
- 30 g de virutas de queso curado catalán o manchego

Para el mató

- 1 litro de leche entera sin pasteurizar
- zumo de 1 limón

Para elaborar el mató, caliente la leche en un cazo hasta que empiece a hervir. Incorpore gradualmente el zumo de limón, poco a poco, hasta que la leche empiece a cuajar y cortarse. Con una espumadera, deposite la leche cuajada en un colador de malla fina forrado con muselina colocado sobre un bol. Si el líquido del cazo sigue blanquecino y sin cuajar del todo, puede llevarlo de nuevo a ebullición y añadir un poco más de zumo de limón para obtener todo el requesón posible.

Deje que el mató escurra toda la noche para que la tela contenga solo el requesón.

Pele los limones y disponga la piel en un tarro de cristal con tapa hermética. Retire las pepitas de los limones y córtelos en cuñas para meterlas en el tarro. Vierta el aceite de oliva virgen extra y agregue el azúcar, la sal, la pimienta, el pimiento picante y la hierbaluisa. Agite suavemente para que el azúcar se disuelva y deje reposar al menos un par de horas o hasta una semana.

Para montar la ensalada, mezcle las hojas con los guisantes y los espárragos. Esparza el mató por encima, las virutas de queso y unos cuantos trozos de limón en conserva. Aliñe con el aceite del tarro y sirva.

Los robellones o níscalos crecen en abundancia por toda Cataluña. Tengo la suerte de que también se encontraban en cantidad en mi Talaván natal de pequeño, de modo que siempre han sido un ingrediente con el que me ha gustado cocinar. Hechos a la plancha, espolvoreados con ajo y perejil y aliñados generosamente con aceite de oliva y pimienta negra recién molida son ¡el paraíso!

En cuanto a la tortilla, creo que esta es insuperable. Si quiere ser más atrevido, añada un poco de queso de cabra desmenuzado.

Tortilla de setas silvestres

2 raciones

aceite de oliva para freír, más 2 cucharadas para la tortilla
una buena nuez de mantequilla
1 escalonia, en láminas finas
2 dientes de ajo, en láminas finas
hojas de 3 ramitas de tomillo
350 g de setas silvestres (robellones, si es posible)
un puñado de perejil picado
3 huevos camperos grandes
sal marina y pimienta negra recién molida

Caliente un chorrito de aceite y la mantequilla en una sartén y sofría la escalonia 10 minutos hasta que quede blanda y tierna. Añada el ajo, el tomillo y las setas, y cueza a fuego fuerte 5 minutos hasta que todo se ablande y se dore. Retire del fuego y añada el perejil.

En un cuenco, bata los huevos y luego añada la mezcla de las setas y salpimiente abundantemente.

Caliente el aceite para la tortilla en una sartén antiadherente de 15 cm. Cuando el aceite esté caliente, añada la mezcla con el huevo.

Mueva la sartén sobre fuego fuerte hasta que la mezcla empiece a cuajar por los bordes, luego baje el fuego y cueza 4-5 minutos para que la tortilla empiece a cuajar, la base y los lados se doren, pero el centro siga aún más bien líquido.

Tape la sartén con una tapa plana o una tabla y dele la vuelta a la tortilla con cuidado; no se preocupe si le parece bastante líquida aún, se irá compactando al seguir cociéndola. Deslice la tortilla de nuevo a la sartén y, a fuego lento, meta los bordes con una espátula con el fin de darle el aspecto redondeado característico. Cueza un par de minutos, luego pásela a una tabla y sírvala. Debería notarla jugosa por dentro al cortarla.

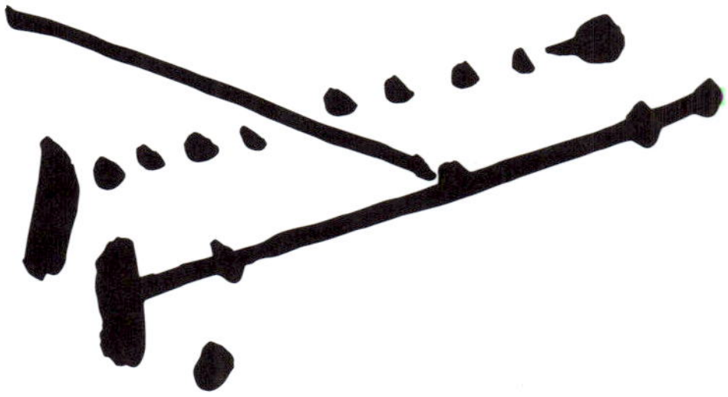

Para mí, los calçots son como los espárragos británicos, ¡espero que sea temporada con impaciencia! Cuando es tiempo de estas cebollas tiernas, se celebran fiestas llamadas «calçotades» en toda Cataluña. Mi amigo Eduardo dice que son como bodas, con comida y bebida en abundancia.

El método tradicional consiste en disponer los calçots sobre un fuego hasta que se queman las primeras capas y entonces se cuecen en su jugo, pero también se pueden preparar a la barbacoa, en el gratinador o en una sartén de base gruesa. Si utiliza el gratinador, cocínelos con la llama. Las ñoras, unos pimientos pequeños, redondeados y dulces, se suelen adquirir secas. Para la receta de la salsa romesco deberá remojarlas.

Calçots

4-6 raciones

40-60 calçots (unos 10 por persona)
aceite de oliva

Para la salsa romesco
4 ñoras, remojadas en agua hirviendo durante 1 hora
50 g de almendras peladas
50 g de avellanas
1 tomate fresco grande, pelado
2 dientes de ajo
1 rebanada de pan de masa madre
1 cucharada de vinagre de Jerez
2 pimientos del piquillo, escurridos
75-100 ml de aceite de oliva virgen extra

Triture todos los ingredientes para la salsa romesco hasta obtener una salsa grumosa.

Limpie los calçots y úntelos con aceite de oliva. Encienda una barbacoa de carbón y añada unos trozos de madera para que se caliente bien y cree llamas, o caliente una sartén de base gruesa o una plancha al máximo.

Chamusque los calçots por todos lados para que queden tiernos. Sirva junto a la salsa romesco.

Normalmente, puede resultar tedioso preparar las alcachofas para cocerlas porque hay que limpiarlas, hervirlas y vaciarlas. En esta receta, solo hay que cocinarlas enteras y disfrutar de ellas. Es lo que yo llamo «comida divertida» porque es ideal para compartir. Creo que las alcachofas y las anchoas están hechas para tomarlas juntas por lo maravillosa que sabe la combinación de dulce y salado.

No es propiamente catalán... pero me parece que nada supera una copa de fino para acompañar este plato.

Alcachofas asadas con salsas para mojar

4 raciones

4 alcachofas de globo grandes, sin las primeras hojas
zumo de 1 limón
4 cucharadas de aceite de oliva virgen extra

Para las salsas

salsa romesco (página 146)

---

100 ml de mantequilla sin sal
una buena cantidad de nuez moscada rallada
sal marina al gusto

---

3 cucharadas de vinagre de Jerez
sal marina y pimienta negra recién molida
una pizca de azúcar
75-100 ml de aceite de oliva virgen extra

---

6 anchoas
zumo de 1 limón
1 cucharadita de mostaza Dijon
100-125 ml de aceite de oliva virgen extra

Precaliente el horno a 200 °C (gas potencia 6). Con los dedos, separe las hojas de las alcachofas tanto como pueda. Rocíelas con el zumo de limón y el aceite de oliva virgen extra de modo que se cuelen entre las hojas de las alcachofas.

Envuelva las alcachofas individualmente en papel de aluminio, póngalas en una fuente para el horno y áselas de 1 hora a 1 hora y 15 minutos.

Mientras, prepare las salsas. Elabore la salsa romesco. Derrita la mantequilla con una buena cantidad de nuez moscada rallada y sal marina y manténgala caliente. Mezcle el vinagre de Jerez con la sal, la pimienta y una pizca de azúcar, y luego poco a poco incorpore el aceite de oliva. Chafe las anchoas con el zumo de limón y la mostaza, salpimiente, vierta el aceite y remueva para obtener una salsa espesa.

Cuando las alcachofas estén listas, desenvuélvalas y sirva una a cada comensal con las salsas para mojar.

Esta es la ensalada que preparé para tomar con los amigos el día que cociné la receta de carrillera de ternera de la página 63. Es una combinación perfecta y resulta refrescante cuando, por ejemplo, una salsa lleva pimiento picante.

Se trata de una ensalada muy popular en el menú del restaurante Pizarro, donde la servimos con salsa de arándanos rojos y queso de cabra. ¡Una bendición!

Ensalada de endivia y granada

4 raciones

2 endivias rojas y 2 endivias verdes, en cuartos
aceite de oliva para untar
semillas de 1 granada
1 cucharada de vinagre de moscatel
75 g de orejones, troceados
aceite de oliva virgen extra para aliñar
sal marina en copos

Caliente una parrilla o una sartén de base gruesa a fuego fuerte, unte las endivias con aceite y áselas hasta que se tuesten.

Mezcle las semillas de granada con el vinagre, luego reserve.

Disponga la endivia en una bandeja y esparza los orejones por encima. Escurra las semillas de granada y échelas sobre la ensalada. Aliñe con aceite de oliva virgen extra y sal marina. Sirva inmediatamente.

Este es un plato conocido en toda Cataluña, España y en bares de tapas de todas partes.

Cuando visito un bar nuevo, siempre pruebo sus patatas bravas, junto con la tortilla, las croquetas y el jamón ibérico: son buenos indicadores de la calidad del establecimiento.

Hallará este plato presentado y acabado de diversas maneras, pero la tradicional es mi favorita. En esta receta frío las patatas tres veces a temperaturas distintas y añado la salsa por encima. ¡Perfecto!

Patatas bravas

4 raciones

aceite de oliva para freír
900 g de patatas harinosas, peladas y cortadas en trozos tamaño bocado
sal marina en copos

Para la salsa brava
3 cucharadas de aceite de oliva
1 cebolla, picada fina
2 dientes de ajo, troceados
1 pimiento picante, chamuscado con un soplete o bajo el gratinador y troceado
400 g de tomate en lata troceado
1 cucharadita de pimentón ahumado
1 cucharada de vinagre de Jerez
una pizca de azúcar
sal marina y pimienta negra recién molida

Para el alioli
1 yema de huevo campero
½ cucharadita de vinagre de vino blanco
75 ml de aceite vegetal
75 ml de aceite de oliva
1 diente de ajo, picado
zumo de limón al gusto

Primero prepare la salsa brava. Caliente el aceite en una sartén y sofría la cebolla 15 minutos hasta que quede bien tierna. Añada el ajo y cueza 1 minuto más, luego agregue el pimiento picante y el tomate. Incorpore el pimentón, el vinagre y el azúcar, salpimiente bien y sofría 20-30 minutos hasta que obtenga una salsa espesa y grumosa. Reserve.

Para preparar el alioli, bata la yema con el vinagre, sal y pimienta. Poco a poco incorpore el aceite vegetal y luego el de oliva en forma de hilillo, sin dejar de batir, hasta obtener una mayonesa espesa y brillante. Incorpore el ajo y el zumo de limón al gusto. Si resulta demasiado espeso, añada 25-30 ml de agua. Reserve.

Caliente una sartén honda con aceite a 100 °C. Fría las patatas 10 minutos, ahora no deben quedar doradas. Retire de la sartén con una espumadera y escúrralas sobre papel de cocina. Deje enfriar por completo.

Caliente el aceite a 160 °C. Fría las patatas 4-5 minutos hasta que queden tiernas y empiecen a dorarse. Escúrralas sobre papel de cocina y deje enfriar.

Cuando vaya a servirlas, recaliente la salsa brava. Caliente el aceite a 200 °C y fría las patatas 2-3 minutos hasta que se doren bien y queden crujientes. Escúrralas y sálelas, vierta encima la salsa brava y sirva con el alioli.

Cuando cocino este plato, no puedo dejar de picar... es tan delicioso. Es una forma distinta de comer alcachofas y es genial con una cerveza fría.

El alioli de membrillo es típico de la zona de Pallars, y resulta un gran acompañamiento para carne o pescado, además de verduras, a la plancha.

Alcachofas fritas con alioli de membrillo

4 raciones

6 alcachofas globo pequeñas
sal marina
un chorrito de zumo de limón
120 g de harina blanca
50 g de harina de maíz
1 cucharadita de levadura en polvo
150-200 ml de agua con gas
aceite de oliva para freír

Para el alioli
40 g de membrillo
1 diente de ajo
1 yema de huevo campero
2 cucharaditas de vinagre de vino blanco
una pizca de sal marina
150 ml de aceite de oliva

Limpie las alcachofas. Corte el tallo unos centímetros por debajo de la base y retire y deseche unas cuantas hojas exteriores. Corte las alcachofas en láminas finas con una mandolina y póngalas en un cuenco con agua, una pizca de sal y un chorrito de limón.

Para preparar el alioli, chafe el membrillo con el ajo en el mortero. Añada la yema y el vinagre y una pizca de sal. Páselo a un bol y poco a poco incorpore el aceite de oliva mientras bate hasta obtener una salsa brillante.

Bata las harinas y la levadura con suficiente agua con gas para formar una masa espesa pero no grumosa. Escurra las alcachofas y séquelas con papel de cocina.

Caliente el aceite en una sartén grande a 180 °C. Pase las alcachofas por la masa de harina y luego échelas a la sartén para freírlas 1-2 minutos hasta que se doren. Escúrralas sobre papel de cocina y sálelas. Sirva con el alioli.

Para mí, una de las mejores cosas de escribir un libro es el trabajo de investigación, porque al llevarlo a cabo siempre encuentro algo nuevo y fascinante. En Gerona, descubrí uno de los quesos de cabra más sedosos que he probado en mi vida, llamado Nuri. Es verdaderamente cremoso y posee un sabor suave y delicado.

Será difícil encontrar la marca ampurdanesa Nuri fuera de Gerona, pero para esta receta puede utilizar cualquier queso de cabra de calidad.

Col lombarda curada, con queso de cabra frito y manzanas caramelizadas

4 raciones

Para la col lombarda
1 col lombarda mediana, en tiras finas
4 cucharadas de sal marina en copos
600 ml de vinagre de moscatel
130 g de azúcar extrafino
1 rama de canela

300 g de queso de cabra suave
2 cucharadas de estragón picado
sal marina y pimienta negra recién molida
3 cucharadas de harina blanca
1 huevo campero, batido
50 g de panko (pan rallado japonés)
2 manzanas
40 g de mantequilla sin sal
2 cucharadas de azúcar extrafino
aceite de oliva para freír
aceite de oliva virgen extra

Primero, cure la col lombarda: mezcle la col con la sal marina, envuélvala en un trapo de cocina limpio y déjela en un colador sobre el fregadero toda la noche. Lávela, séquela con papel de cocina y métala dentro de un tarro esterilizado. Vierta el vinagre y añada el azúcar y la canela. Deje curar como mínimo durante siete días.

Chafe el queso de cabra en un cuenco con el estragón y salpimiente. Forme bolitas. Ponga la harina, el huevo y el pan rallado en boles separados. Pase cada bolita de queso por la harina, luego el huevo y finalmente el pan rallado. Dispóngalas en una bandeja forrada con papel vegetal y congélelas 20 minutos.

Pele y descorazone las manzanas y córtelas en cuñas. Derrita la mantequilla en una sartén y añada las manzanas y el azúcar para cocerlas, dándoles la vuelta, hasta que se caramelicen. Páselas a una bandeja y reserve la sartén.

Caliente el aceite de oliva en una sartén pequeña y honda a 180 °C. Fría las bolas de queso hasta dorarlas y déjelas con una espumadera escurriendo sobre papel de cocina. Sálelas.

Eche un hilo de aceite de oliva virgen extra en la sartén aún caliente de las manzanas.

Escurra un poco de col lombarda y dispóngala en platitos. Encima, disponga las manzanas y las bolas de queso fritas, luego alíñelo con el aceite de oliva virgen extra dulce.

Para mí, ver estas setas significa que ha llegado la primavera. La última vez que las cociné estaba en el País Vasco con mis queridos amigos Juan Mari Arzak y Jose del Ganbara.

Cocinábamos en una sociedad gastronómica y debatíamos sobre si las setas saben mejor cuando son pequeñas o grandes; al final, estuvimos de acuerdo en que las grandes poseen mejor aroma y sabor.

Garbanzos con setas de San Jorge

4 raciones

Para el caldo
1 zanahoria, troceada
1 cebolla, en cuartos
1 rama de apio
un puñado de granos de pimienta negra
2 hojas de laurel
unas ramitas de tomillo

320 g de garbanzos secos del país, remojados toda la noche en agua fría
1 cucharada de aceite de oliva para freír
20 g de mantequilla sin sal
300 g de setas de San Jorge, en láminas
100 ml de jerez fino
4 huevos camperos
un puñado de berros

Para elaborar el caldo, ponga las verduras, la pimienta y las hierbas en una olla grande y añada 1,7 litros de agua fría. Lleve a ebullición y cueza a fuego lento 20 minutos. Cuélelo y devuelva el caldo a la olla.

Escurra los garbanzos y añádalos al caldo. Cocínelos 1 hora hasta que queden bien tiernos y absorban el caldo pero se mantengan jugosos.

Mientras, caliente el aceite y la mantequilla en una sartén y fría las setas 5 minutos a fuego fuerte. Agregue el jerez y deje burbujear 1 minuto.

Escalfe los huevos en agua hirviendo hasta que cuajen pero las yemas sigan líquidas. Incorpore los berros a los garbanzos y repártalos entre cuatro boles calentados. Disponga un huevo y unas cuantas setas sobre cada uno y sirva.

Creo que este plato, habas a la brutesca, es de premio. Vainas de habitas cocidas al carbón hasta que ennegrecen (véase la fotografía de la página anterior). Luego se pelan las habas para la ensalada. Aquí empleo jamón, pero puede utilizar su queso preferido para crear una versión vegetariana. O los dos, ¿por qué no?

Habas a la brutesca

4 raciones

1 kg de vainas de habitas
125 g de jamón, deshilachado
2 cucharadas de hojas de menta
un buen chorrito de zumo de limón
aceite de oliva virgen extra para aliñar
sal marina y pimienta negra recién molida

Caliente la barbacoa con abundante carbón. Necesitará una tira larga de alambre, o puede utilizar pinchos metálicos. Ensarte las vainas con el alambre, curvando el alambre. Disponga la espiral de habitas sobre el carbón caliente y cueza hasta que ennegrezcan.

Deje que se templen las vainas un poco antes de pelarlas y echarlas en un bol. Mezcle el jamón con la menta, el zumo de limón y abundante aceite de oliva virgen extra. Aliñe y sirva.

He incluido este plato en el menú de manera intermitente durante años. Por lo general, salteo las espinacas brevemente. Sin embargo, en esta receta sugiero que se cocinen más tiempo para que queden bien cocidas. Así es como mi amiga Pilar me preparó el plato en El Rebost de la Cartoixa, ¡con mucho ajo!

Rememorando otros buenos momentos, he probado una receta de mi amigo José Andrés en la que él añade manzana: es una combinación fantástica y se la recomiendo si es de su gusto.

Espinacas a la catalana

4 raciones

2 cucharadas de aceite de oliva
4 dientes de ajo, pelados
100 g de uvas pasas
3 cucharadas de piñones
2 kg de hojas tiernas de espinacas
sal marina y pimienta negra recién molida

Caliente el aceite en una sartén. Añada el ajo y cueza 1 minuto. Añada las pasas y los piñones y cueza 1-2 minutos más hasta que los piñones empiecen a tostarse. Añada las espinacas y saltéelas hasta que se ablanden y queden bien cocidas. Salpimiente y sirva.

El *pa amb tomàquet* es una receta muy sencilla de la cocina catalana: una rebanada de pan con tomate, un poco de sal y aceite de oliva. Se puede tostar el pan y frotarlo con ajo. Es una buena manera de aprovechar el pan duro, ya que el tomate y el aceite le devuelven humedad.

En mis restaurantes, tostamos un tipo de pan ligero y lo frotamos con ajo. Entonces restregamos el tomate, añadimos un buen chorro de aceite de oliva y un poco de sal. Compramos los tomates en Cataluña, donde los llaman tomates de colgar porque se conservan colgados todo el año.

Pan con tomate

2 raciones

4 rebanadas de pan blanco
1 diente de ajo, pelado
4 tomates maduros, partidos por la mitad
aceite de oliva virgen extra para aliñar
sal marina en copos

Tueste ligeramente el pan y luego frote cada rebanada con el ajo. Ponga una mitad de tomate, boca abajo, sobre cada rebanada y presiónelas con los dedos, frotando el tomate contra el pan (deseche la piel). Para servir, rocíelas con el aceite y espolvoree una pizca de sal.

Cartuja de Escaladei es un monasterio que se halla en las montañas de Montsant, en la comarca del Priorato. Se trata de un lugar idílico que hay que visitar: las ruinas le transportarán a la época en que los monjes vivían y oraban allí. Les imagino recogiendo espárragos trigueros, igual que hice yo en mi última visita.

Esta es una combinación simple pero verdaderamente suculenta: sirva el plato solo o como guarnición para pescados o carnes.

Trigueros con guisantes y colmenillas

4 raciones

200 g de guisantes frescos
2 manojos grandes (aprox. 500 g) de espárragos trigueros silvestres o normales, limpios y recortados
2 cucharadas de aceite de oliva para freír
1 escalonia, en láminas finas
1 diente de ajo, en láminas finas
200 g de colmenillas
sal marina y pimienta negra recién molida
un buen chorrito de zumo de limón
aceite de oliva virgen extra para aliñar

Escalde los espárragos y los guisantes en agua hirviendo durante 1 minuto para que queden tiernos. Escurra y refrésquelos bajo un chorro de agua fría.

Caliente el aceite en una sartén y sofría la escalonia 10 minutos hasta que esté tierna. Añada el ajo y las colmenillas y fríalos 3-4 minutos hasta que las setas se cocinen bien. Salpimiente y luego añada los espárragos y los guisantes y mézclelo todo para que se caliente.

Vierta en una ensaladera y rocíe con zumo de limón y aceite de oliva virgen extra. Sirva.

POSTRES

Sé que no todos somos golosos pero para muchas personas el postre es una parte importante de una comida. Incluso hay quien disfruta de un postre a secas de vez en cuando. Tengo amigos que afirman que una comida no puede considerarse completa sin un postre e incluso leen la carta de postres antes de elegir el entrante o el plato principal. Creo que es divertido darnos un capricho dulce y tomar una (o dos) raciones de nuestro postre favorito.

Me he dado cuenta de que a cada uno le gusta un nivel distinto de dulzor, de modo que es importante elegir el postre adecuado en cada caso. Algunos pueden consistir en una simple combinación de fruta y contener principalmente azúcares naturales, otros llevan un poco de azúcar adicional y luego están los postres para quienes gustan de una buena dosis de azúcar. El tipo de azúcar que se emplee también creará sabores y texturas distintos, pero sea cual sea su preferencia, espero que disfrute de los postres de este delicioso capítulo con recetas de Cataluña escogidas especialmente para usted.

Al llegar al límite de la provincia de Tarragona, justo antes de llegar a Valencia, se encuentra el delta del Ebro. Creo que en esta zona se producen las mejores clementinas de toda la península, con el equilibrio perfecto entre dulzor y acidez. Se denominan Clementinas de las Tierras del Ebro y son un producto con Indicación Geográfica Protegida (IGP).

Me encanta añadir cava a este sorbete de clementina. Dos fantásticas joyas catalanas unidas, ¡divinas!

Sorbete de clementina

4 raciones

150 g de azúcar extrafino
100 g de miel
14 clementinas
1 limón
1 naranja sanguina, pelada y en rodajas, para servir (opcional)

Derrita el azúcar y la miel en un cazo con 250 ml de agua. Lleve a ebullición y hierva 5 minutos. Reserve para que se temple.

Exprima el jugo de todas las frutas y cuélelo en una jarrita: necesitará unos 350 ml de zumo. Cuando el sirope se haya enfriado, incorpore el zumo y pruébelo; añada un poco más de miel si desea endulzarlo más.

Utilice una heladera para trabajar la mezcla hasta que tome consistencia y luego pásela a una tarrina y congélela. Si no dispone de heladera, ponga la mezcla en un recipiente ancho y congélelo durante 1 hora, luego cháfela con un tenedor y congélela una hora más y repita hasta que obtenga un sorbete suave, luego congélelo completamente. Sirva una bola de sorbete con unas rodajas de naranja sanguina, si la usa.

Estos carquiñoles (*carquinyolis*) son tan buenos que, una vez se empieza, cuesta parar de comerlos. Mi madre siempre me dice que no coma postres cuando aún están calientes… pero no puedo resistir la tentación. ¡Lo siento, mamá!

Se trata de una galleta de doble cocción, muy similar a los *cantuccini* italianos, que también me encantan con el café.

Marinar las almendras en alcohol imprime un agradable sabor a la galleta; aquí empleo un licor de anís, pero se puede utilizar el que más le guste, ya que el resultado será el mismo.

Carquinyolis

Salen 20

120 g de almendras enteras escaldadas
50 ml de licor de anís u otro tipo
1 huevo campero grande
100 g de azúcar extrafino
175 g de harina blanca
raspadura fina de 1 naranja
1 cucharadita de levadura en polvo (o bicarbonato)
una pizca de canela molida
una pizca de sal marina

Precaliente el horno a 180 °C (gas potencia 4).

Remoje las almendras en el anís durante 10 minutos (también puede remojarlas en agua). Bata el huevo con el azúcar hasta que adopte un tono pálido y quede esponjoso, luego incorpore la harina, la raspadura de naranja, la levadura, la canela y la sal.

Escurra las almendras y añádalas. Divida la masa por la mitad y forme dos churros. Dispóngalas sobre una bandeja de horno forrada con papel vegetal y cueza 30 minutos hasta que se dore ligeramente.

Saque del horno y, aún caliente, corte en rodajas de 5 mm. Dispóngalas planas (con el corte hacia arriba) en la bandeja y devuélvala al horno 5 minutos más para que se doren y queden crujientes. Deje enfriar sobre una rejilla.

ANTIQUARI
BAR
JIM BEAM
BOURBON

A lo largo de los años, he ido experimentando con diferentes sabores, intentando elaborar crema catalana con café, cardamomo, vainilla y otros ingredientes. Pero al final, creo que la receta tradicional es la mejor.

En el restaurante Pizarro, me encanta tostar el azúcar con una plancha tradicional caliente, algo que desprende un delicioso aroma. ¡Celestial!

Crema catalana

8 raciones

1 litro de leche entera
peladura de 1 limón y 1 naranja
½ ramita de canela
6 yemas de huevos camperos grandes
60 g de azúcar extrafino, y más para caramelizar
40 g de harina de maíz

Ponga la leche, las peladuras y la canela en un cazo y lleve a ebullición, luego reserve para dejar que haga infusión durante al menos 1 hora. Cuando se haya enfriado y la leche se haya aromatizado, cuele a través de un colador de malla fina.

Bata los huevos con el azúcar hasta que espesen y queden esponjosos y pálidos, luego incorpore la leche aromatizada y la harina de maíz.

Vierta en un cazo limpio y cueza a fuego lento 10 minutos, removiendo constantemente, hasta obtener una crema espesa. Cuele en una jarra y repártala entre ocho platos o moldes redondos bajos. Enfríe en el frigorífico durante al menos 3 horas, o toda la noche, hasta que cuaje bien.

Cuando vaya a servir, espolvoree azúcar por encima y caramelícelo con un soplete de cocina o bajo el gratinador muy caliente. Enfríe de nuevo durante al menos una hora antes de servir.

Siempre cocino el membrillo con vino tinto o cava y algunas especias. Pensé que tocaba probarlo con vermut, ya que es una bebida muy tradicional en Cataluña. ¡Fue una revelación! He utilizado algunos ingredientes botánicos del vermut para potenciar la propia bebida, y creo que redondean la receta.

Membrillo cocido con vermut

8 raciones

4 membrillos, pelados, descorazonados y partidos por la mitad
zumo y peladura de 1 limón
650 ml de vermut
200 g de azúcar extrafino
12 vainas de cardamomo
unas ramitas de mejorana seca o fresca

Ponga los membrillos en un bol con agua fría y un poco de zumo de limón para evitar que se oxiden y ennegrezcan.

Ponga el vermut, 600 ml de agua, el azúcar, cardamomo, mejorana y peladura de limón en un cazo y hierva hasta que se disuelva el azúcar. Escurra los membrillos y añádalos al cazo, cubra con papel vegetal y cueza a fuego lento 30-45 minutos hasta que note los membrillos tiernos al pincharlos con la punta de un cuchillo.

Retire del fuego y deje templar en el líquido. Vierta un tercio del líquido de la cocción en otro cazo y hiérvalo para que reduzca hasta obtener un sirope. Sirva las mitades de membrillo con el sirope. Es un complemento espectacular para la crema catalana de la página 184, e ideal también solo.

Las frutas confitadas eran una de las cosas preferidas de mi padre. Aún recuerdo su cara cuando le llevé a la tienda londinense Fortnum & Mason por primera vez: se sintió como en el paraíso. Sospecho que mi expresión es la misma cuando voy al mercado de la Boquería.

En ocasiones, cuando estoy en plena preparación, me pregunto si vale la pena confitar la fruta uno mismo, pero cuando pruebe usted el resultado de sus esfuerzos espero que esté de acuerdo en que sin duda merecen la pena.

Sigo este método para preparar todo tipo de fruta confitada.

Naranjas enteras confitadas

Salen 6

6 naranjas medianas
1,4 kg de azúcar extrafino
6 cucharadas de jarabe de azúcar invertido o glucosa

Pinche las naranjas por todos lados con una aguja fina para que el sirope llegue hasta el centro.

Hierva las naranjas en una olla con agua durante 1 hora para que se ablande la piel y pierda parte del amargor. Escurra y reserve.

Ponga el azúcar, el sirope y 2,8 litros de agua en una olla y caliente a fuego lento hasta que se disuelva el azúcar. Añada las naranjas y cubra parcialmente con una tapa. Lleve a ebullición y cueza a fuego lento 1 hora. Retire del fuego, cubra completamente y deje reposar 24 horas.

Al día siguiente, lleve de nuevo a ebullición, parcialmente cubierto, y cueza a fuego lento 30 minutos. Reserve y deje reposar 24 horas. Debe repetir este proceso cada día durante seis días. Si el sirope reduce demasiado, añada un poco de agua a la olla.

Finalizado el proceso, las naranjas se conservarán en el frigorífico en un recipiente hermético hasta seis meses.

Utilice la fruta entera para elaborar la receta de bizcocho de la página 193. El sirope puede utilizarse para el helado de la página 194.

Cuando haya confitado muchas frutas (página 191), querrá más recetas donde poder incluirlas, y creo que este bizcocho es un destino ideal para la naranja confitada que tiene a mano.

Esta receta es muy parecida a una que prepara siempre mi hermana Isabel, pero la he adaptado para incluir las naranjas, cosa que le aporta una nueva dimensión.

Bizcocho con naranja confitada

8 raciones

175 g de harina blanca
2 cucharaditas de levadura en polvo (o bicarbonato)
125 g de azúcar extrafino
una pizca de sal
100 g de almendras molidas
1 naranja confitada (página 191)
200 ml de aceite de oliva virgen extra
3 huevos camperos grandes
100 ml de zumo de naranja
azúcar glas para espolvorear

Precaliente el horno a 170 °C (gas potencia 4). Engrase y forre un molde rectangular de 900 g.

Tamice la harina en un bol e incorpore la levadura, el azúcar, la sal y las almendras. Forme un hueco en el centro.

Triture la naranja entera con el aceite de oliva para obtener una pasta, luego incorpórela a los ingredientes secos. Añada los huevos y el zumo de naranja y mézclelo todo para obtener una masa homogénea.

Vierta en el molde y hornee 50-60 minutos hasta que suba y se dore, y al introducir un palillo hasta el centro este salga limpio. Deje templar en el molde 10 minutos y luego desmolde y deje enfriar sobre una rejilla. Sirva espolvoreado con el azúcar glas.

Esta es una receta de helado clásica en mi casa, y la primera vez que la preparé me resultó demasiado dulce (¡yo ya lo soy lo bastante!).

Pensé cómo podía mantener el dulzor pero también aportarle contraste, y los bíteres me parecieron la solución más indicada.

Helado de sirope de naranja confitada y bíteres

4-6 raciones (700-750 ml)

300 ml de leche entera
300 ml de nata espesa para montar
100 g de azúcar extrafino
4 yemas de huevos camperos grandes
8 cucharadas generosas de sirope de naranja (procedente de las naranjas confitadas, página 191)
2 chorritos de bíteres

Ponga la leche y la nata en un cazo y lleve a ebullición.

Mezcle el azúcar con las yemas hasta que se forme una crema ligera y esponjosa, viértala sobre la mezcla de leche y remueva bien. Cuele en un cazo limpio y cueza hasta obtener una crema espesa que se adhiera al dorso de la cuchara. Deje templar y luego refrigere en el frigorífico toda la noche.

Al día siguiente, trabaje la crema en una heladera. Cuando esté casi cuajada, poco a poco incorpore el sirope de naranja y añada los bíteres. Mezcle con una espátula y luego trabájelo 1-2 minutos más para que cuaje bien. Vierta el helado en un recipiente y congélelo por completo.

Si no dispone de heladera, viértalo en una tarrina y congélelo 1 hora, luego triture con una batidora de mano. Repita la operación dos veces más y a la tercera incorpore paulatinamente el sirope de naranja y añada los bíteres. Congele 1 hora más y triture una última vez, luego deje que el helado se congele del todo.

Voy a contarle un secreto: cuando estoy de vacaciones, me encanta desayunar estos pastelitos de avellana y ciruela, servidos junto a un carajillo de whisky, brandy, anís o ron. Es una buena manera de empezar un día festivo, ¿no?

Las avellanas se cultivan ampliamente en toda Cataluña. Para mi gusto, combinan a la perfección con las ciruelas: ¡así nacieron estos felices bizcochitos!

Pastelitos de avellana y ciruela

Salen 6

120 g de mantequilla sin sal, a temperatura ambiente
150 g de azúcar extrafino
3 huevos camperos
180 g de harina leudante, tamizada
75 g de avellanas molidas
60 ml de aceite de oliva virgen extra
3-4 ciruelas maduras, deshuesadas y troceadas
azúcar glas, para espolvorear

Precaliente el horno a 180 °C (gas potencia 4). Engrase y forre seis moldes rectangulares pequeños.

Bata la mantequilla con el azúcar hasta que quede una mezcla ligera y esponjosa. Poco a poco, añada los huevos, de uno en uno, sin dejar de batir. Incorpore la harina, las avellanas y el aceite de oliva hasta obtener una masa homogénea, luego agregue las ciruelas.

Reparta la masa entre los moldes y dispóngalos sobre una bandeja de horno. Hornee 20-25 minutos o hasta que al introducir un palillo hasta el centro este salga limpio. Deje templar en los moldes 5 minutos y luego vacíelos sobre una rejilla. Espolvoree con azúcar glas y sírvalos calientes con nata.

Una de las buenas cosas del final de la primavera y el inicio del verano es la llegada de la fruta: la fresa es una de mis preferidas. Las fresas británicas se cuentan entre las mejores del mundo y, aunque distintas, algunas variedades de fresas catalanas son también muy aromáticas y jugosas.

Esta es una de las recetas más sencillas del mundo y, al añadir vinagre, resulta refrescante y deliciosa en verano.

Fresas con vinagre de vermut

4 raciones

400 g de fresas, sin rabito y partidas por la mitad
120 ml de vinagre de vermut
70 g de azúcar extrafino
3-4 ramitas de hierbaluisa (o tomillo limonero)

Ponga las fresas en un plato y cúbralas con el vinagre, el azúcar y la hierbaluisa. Mézclelo todo y déjelo macerar un par de horas antes de servir.

La imagen de estas magdalenas me transporta directamente a mi infancia. Al llegar a casa del colegio, mi madre siempre tenía una magdalena o una tostada con chocolate preparada para mí. Entonces me sentaba en el portal de la casa de mi abuela y merendaba muy lentamente. Mi abuela se enfadaba conmigo: ¡hay que comerse las magdalenas calientes!

Magdalenas

Salen 12

4 huevos camperos
170 g de azúcar extrafino, y más para espolvorear
120 ml de aceite de oliva virgen extra
200 g de harina blanca
1 cucharadita de levadura en polvo
raspadura fina de 1 limón

Precaliente el horno a 180 °C (gas potencia 4). Forre un molde para 12 magdalenas con cápsulas de papel.

Bata los huevos con el azúcar hasta que queden ligeros y esponjosos. Incorpore poco a poco el aceite de oliva y luego la harina, la levadura y la raspadura de limón.

Reparta la masa entre las cápsulas de papel, espolvoree con azúcar y hornee 18-20 minutos hasta que suban y se doren las magdalenas. Deje templar un poco sobre una rejilla. Sírvalas calientes.

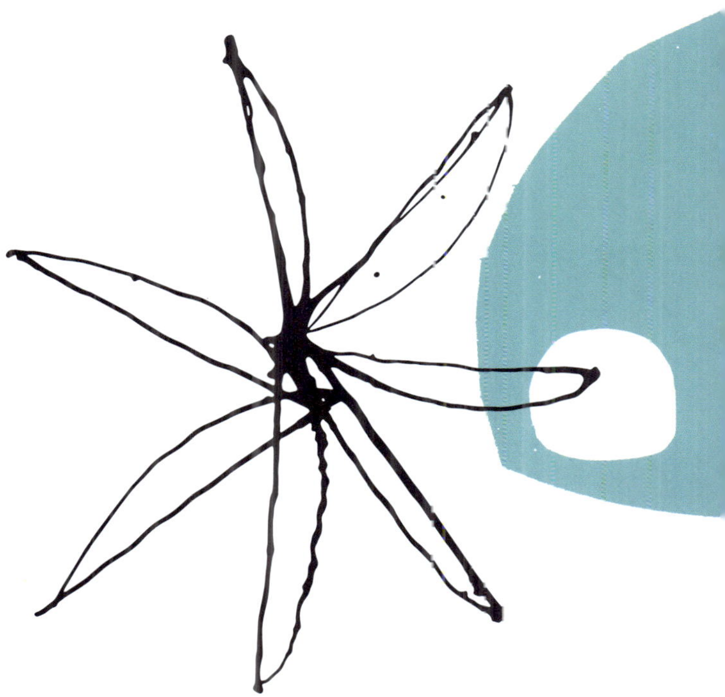

Este es un pastel tradicional que el padrino regala a su ahijado el Domingo de Pascua al salir de misa. Pero puede prepararse y servirse en las reuniones más informales y en las ocasiones más serias. Dicho esto, sigo pensando que la receta queda más redonda y apetecible cuando consta solo de chocolate.

Una cosa que me encanta hacer en Barcelona es pasear de una pastelería a otra solo para contemplar las creaciones de los talentosos pasteleros. Es como visitar galerías de arte, y, además, en este caso uno puede meterse el arte en la boca y degustar el ingenio.

Monas de Pascua

4 raciones

500 g de harina blanca, y más para espolvorear
10 g de sal marina
15 g de levadura fresca o un sobrecito de 7 g de levadura en polvo de acción rápida
100 ml de agua caliente
3 huevos camperos medianos, batidos, más 1 para pintar
80 ml de aceite de oliva
175 g de azúcar extrafino
raspadura fina de 1 naranja y 1 limón
4 huevos duros
chocolate negro fundido y fideos de azúcar para decorar

Tamice la harina con la sal en un bol. Mezcle la levadura fresca con un poco de agua caliente y deje reposar 10 minutos hasta que forme burbujas.

Forme un hueco en el centro de la harina y eche la mezcla de la levadura y el resto del agua, junto con los huevos batidos, el aceite, el azúcar y las raspaduras. Con las manos, mézclelo todo para obtener una masa homogénea. Amase con el gancho de la batidora de vaso o a mano, levantando y estirando la masa hasta que sea elástica y deje de ser muy pegajosa: tardará entre 5 y 10 minutos con la máquina o 10 minutos a mano.

Deje la masa en un bol engrasado, tápela y deje en un lugar cálido hasta que doble su tamaño, lo cual puede tardar 2-4 horas.

Ponga la masa sobre una superficie enharinada, divídala en cuatro partes y forme bolas con cada una. Con los dedos, practique un agujero en el centro de cada bola de modo que parezcan donuts grandes. Introduzca un huevo duro en el centro de la masa. Disponga en dos bandejas forradas, cubra con un trapo de cocina limpio y deje que la masa suba durante 1 hora.

Precaliente el horno a 180 °C. Pinte las monas con el huevo batido para glasearlas y hornéelas 20-25 minutos hasta que se doren y suban.

Sáquelas del horno y deje templar sobre una rejilla. Báñelas con el chocolate caliente, espolvoree los fideos de azúcar por encima y sirva.

El turrón es un dulce famoso y popular. Existen múltiples variedades: duro, blando, de yema, con coco... Pero solo es fácil encontrarlo en Navidad, lo cual es un inconveniente porque me encanta el turrón de chocolate. Simplemente tomando un trocito con el café ya soy feliz.

Como tenía que hacer algo al respecto, he creado esta receta: ya no hay que esperar a que llegue la Navidad.

Turrón de chocolate

Salen 20 trozos

150 g de almendras peladas enteras
50 g de pistachos pelados
2 hojas de papel de oblea
200 g de miel
200 g de azúcar extrafino
1 clara de huevo campero grande
1 cucharada de cacao en polvo

Precaliente el horno a 170 °C (gas potencia 3). Forre una bandeja de horno con papel vegetal y tueste los frutos secos hasta que se doren un poco. Vigílelos para que no se quemen. Reserve y deje templar.

Forre un molde cuadrado de 18 cm con una capa de papel de oblea.

Ponga la miel y el azúcar en un cazo a fuego bajo. Espere a que se derrita el azúcar y luego hierva brevemente hasta que la mezcla alcance los 120 °C (mídalos con un termómetro para azúcar).

Monte la clara de huevo en una batidora de vaso hasta que se formen picos suaves y luego, sin dejar de batir, vierta poco a poco el azúcar caliente con miel.

Cuando esté incorporado, pase la mezcla al cazo y póngala a fuego medio-bajo, removiendo sin cesar. El objetivo consiste en reducir el contenido de humedad del guirlache y, cuando la mezcla alcance unos 150-155 °C, medidos con el termómetro para azúcar, empiece a probarla. Deposite una gota en un cuenco con agua fría: debería endurecer y formar una bola inmediatamente.

Cuando lo haga, añada los frutos secos y el cacao en polvo al turrón. Mezcle bien y páselo al molde preparado y allánelo con un cuchillo espátula. Acabe con una segunda capa de papel de oblea y deje que repose y se solidifique completamente antes de cortarlo.

Se dice que la historia de este postre se remonta a la época medieval, cuando llegó a España de la mano de un monje italiano proveniente de Egipto. Es uno de mis postres favoritos.

Aunque el caqui es una fruta muy popular en Cataluña y se encuentra en todos los mercados, a mí me encanta verlos en la Boquería, por la manera que tienen de exponerlos.

Se puede sustituir la compota por cualquier mermelada o relleno dulce.

Brazo de gitano

6 raciones

4 huevos camperos grandes, las yemas separadas de las claras
100 g de azúcar extrafino, y más para espolvorear
1 cucharadita de pasta o extracto de vainilla
100 g de harina blanca
1 cucharadita de levadura en polvo (o bicarbonato)
una pizca de sal marina fina
300 ml de nata espesa para montar
azúcar glas, para espolvorear

Para la compota

5 caquis, chafados
1 manzana pequeña, pelada, descorazonada y troceada
½ cucharadita de jengibre molido
1 cucharada de azúcar extrafino
1 cucharada de zumo de limón

Precaliente el horno a 180 °C (gas potencia 4). Engrase y forre un molde de 33 × 22 cm con papel vegetal.

En una batidora de vaso, bata las yemas con el azúcar y la vainilla hasta obtener una mezcla pálida y esponjosa que conserve la forma unos segundos al dejar de batir.

Tamice la harina junto con la levadura y la sal e incorpore a las yemas. Monte las claras hasta que formen picos. Con cuidado, incorpórelas a la masa y luego pásela al molde y extiéndala con una espátula.

Hornee 10-12 minutos sin pasarse de cocción. Ponga un trapo de cocina limpio sobre la encimera y cúbralo con papel vegetal. Espolvoree el papel con azúcar. Vuelque el bizcocho aún caliente sobre el papel azucarado y retire el papel vegetal de la base.

Todavía caliente, enrolle el bizcocho con la ayuda del trapo de cocina, de manera que el papel vegetal se enrolle junto con él. Reserve y deje templar.

Para preparar la compota, ponga la fruta, el jengibre y el azúcar en un cazo y cuézalo hasta que la fruta se deshaga. Triture con una batidora de mano para obtener una crema homogénea. Añada el zumo de limón y deje enfriar.

Cuando vaya a servirlo, desenrolle el bizcocho y retire el papel. Monte ligeramente la nata solo para que tome consistencia y extiéndala sobre el bizcocho. Disponga la compota encima y enrolle de nuevo. Espolvoree con azúcar glas y sirva.

Este es un dulce elaborado típicamente en Cataluña para consumirlo en la festividad de Todos los Santos. Existen multitud de variaciones y se puede emplear patata o boniato para su elaboración. Yo prefiero hacerlo con boniato.

Hay quien piensa que el uso de patatas responde a la intención de abaratar la receta, pero yo no estoy de acuerdo. A mi parecer, proporcionan una textura mucho más ligera al postre.

Panellets

Salen 25

400 g de patatas o boniatos (unos 3)
300 g de almendras molidas
100 g de azúcar extrafino
raspadura fina de 1 limón
2 huevos camperos,las yemas separadas de las claras
300 g de piñones

Precaliente el horno a 200 °C (gas potencia 6). Pinche las patatas —o boniatos— por todos lados y áselas 25-30 minutos hasta que queden tiernas. Retire del horno y, cuando se enfríen lo suficiente, vacíelas en un bol: debería obtener unos 300 g.

Añada las almendras molidas, el azúcar y la raspadura de limón y mezcle bien.

Forme bolitas, de unos 120 g cada una. Bata las claras hasta que produzcan espuma y luego las yemas en un cuenco aparte. Pase las bolitas por las claras y después rebócelas con los piñones y dispóngalas sobre una bandeja forrada con papel vegetal. Píntelas con las yemas batidas y hornee 10-12 minutos hasta que se doren.

He preparado helado de azafrán muchas veces, y cada vez realizo algún pequeño cambio en la receta. Esta es la mejor hasta el momento.

Me habían sobrado piñones de la receta de panellets (página 215), y se me ocurrió añadirlos al helado de azafrán. Y lo cierto es que aportan una nueva dimensión al helado, confiriéndole un sabor a tierra que combina extremadamente bien con los panellets.

Helado de azafrán y piñones

4-6 raciones
(700-750 ml)

una pizca de hebras de azafrán
300 ml de leche entera
300 ml de nata espesa para montar
100 g de piñones
125 g de azúcar extrafino
4 yemas de huevos camperos grandes

Ponga el azafrán en un cazo con la leche y la nata. Lleve a ebullición y luego retírelo del fuego y deje que haga infusión 1 hora.

Tueste los piñones en una sartén en seco hasta que se empiecen a dorar. Deje templar y luego tritúrelos con el azúcar. Añada las yemas de huevo y triture de nuevo para obtener una crema suave.

Cuele la crema de azafrán echándola sobre la mezcla de huevo y remueva bien, luego devuélvalo todo al cazo y cueza hasta obtener una crema espesa que se adhiera al dorso de la cuchara. Deje templar y luego guarde la preparación en el frigorífico toda la noche.

Al día siguiente, trabaje la crema en una heladera hasta que cuaje. Entonces vierta el helado en un recipiente y congélelo por completo. Si no dispone de heladera, viértalo en una tarrina y congélelo 1 hora, luego triture con una batidora de mano. Repita la operación tres veces más y luego deje que el helado se congele del todo.

La coca puede ser dulce o salada, y esta versión dulce resulta deliciosa. Si ha preparado fruta confitada (página 191), seguramente buscará maneras de utilizarla. Por supuesto, también se puede preparar con frutas de verano. ¡Que aproveche!

Coca dulce

6 raciones

12 g de levadura fresca o un sobrecito de 7 g de levadura seca de acción rápida
330 ml de agua tibia
una pizca de azúcar
500 g de harina blanca, y más para espolvorear
10 g de sal marina fina
raspadura fina de 1 limón
1 cucharada de aceite de oliva virgen extra, y más para pintar
1 yema de huevo campero grande
2 cucharadas de azúcar extrafino, y más para espolvorear
polenta fina para espolvorear

Para servir
500 g de fruta confitada (página 191), en rodajas (naranjas, piña, cerezas, limones)
70 g de piñones tostados

Prepare una pasta con la levadura en un cuenco con un poco del agua y una pizca de azúcar. Cuando quede homogénea, añada tres cuartas partes del resto del agua y deje reposar, tapado, 30 minutos hasta que la mezcla empiece a formar burbujas.

Tamice la harina y la sal en el vaso de una batidora. Agregue la levadura y el resto de ingredientes excepto la polenta y trabaje con el gancho de amasar 5 minutos a velocidad baja, añadiendo más agua si la mezcla parece algo seca. Deje reposar 10 minutos y luego amase 5 minutos más hasta que la masa sea suave y elástica. Tape y deje reposar 1 hora o hasta que doble de tamaño.

Divida la masa en seis partes iguales, luego extiéndalas sobre una superficie un poco enharinada y deles forma alargada (30 cm). Espolvoree dos bandejas de horno con un poco de polenta, disponga las cocas encima, tape con un trapo de cocina limpio y deje reposar en un lugar cálido 15 minutos.

Precaliente el horno al máximo. Pinte las bases ligeramente con aceite de oliva y espolvoréelas con azúcar. Hornéelas 10-12 minutos, o hasta que se vean doradas y crujientes. Sírvalas calientes con la fruta confitada y los piñones por encima.

Tortosa es una ciudad preciosa situada en el sur de Cataluña, un lugar que hay que visitar. Estas deliciosas pastas están rellenas de cabello de ángel. El nombre seguramente viene del bonito aspecto como de cabellos dorados que adquiere la calabaza al cocerla con el azúcar.

Puede costar encontrar alcayotas, pero no se preocupe porque pueden comprarse fácilmente por internet, igual que el cabello de ángel en lata.

Pastisset d'anís o de Tortosa

Salen 10

500 g de harina blanca
1 cucharadita de levadura en polvo
75 ml de aceite de oliva
100 ml de anís o licor con sabor a anís
100 ml de vino dulce
75 g de mantequilla sin sal, a temperatura ambiente
10 cucharadas colmadas de cabello de ángel (mermelada de calabaza)
1 huevo grande, ligeramente batido
azúcar extrafino para espolvorear

Tamice la harina y la levadura en polvo en un bol y forme un hueco en el centro. Mezcle el aceite con el anís y el vino dulce y vierta la mezcla en el hueco junto con la mantequilla. Amáselo todo 10 minutos hasta obtener una masa fina y elástica que no sea pegajosa. Deje reposar 20 minutos.

Precaliente el horno a 200 °C (gas potencia 6) y forre una bandeja de horno con papel vegetal.

Divida la masa en 10 bolas de 80 g. Extiéndalas (sin harina adicional) para formar círculos de 12 cm.

Disponga una cucharada generosa de cabello de ángel en el centro de cada círculo de masa. Pinte los bordes con huevo batido, dóblelo para formar una media luna y presione para unir los bordes, sellándolos con un tenedor.

Póngalos sobre la bandeja y píntelos con el huevo batido. Hornéelos 18-20 minutos hasta que se doren. Deje templar y luego espolvoréelos con el azúcar y sírvalos calientes.

La familia de mi amigo Enric elabora estos dulces desde 1929. Enric es la tercera generación de la pastelería Faixat Pujadas de Barcelona, y nos conocimos trabajando juntos en Londres. Respeto mucho sus habilidades como pastelero y le admiro como amigo. Cuando tomó las riendas del negocio familiar, este era una empresa tradicional y él optó por llevarla en una nueva dirección, con un enfoque más innovador y moderno.

Estos dulces son realmente adictivos, ¡no se puede tomar solo uno!

Borrachos de almendra

Salen 16

Para los dulces
3 huevos más 3 yemas
75 g de mazapán, rallado
125 g de azúcar extrafino
250 g de harina blanca, y más para espolvorear

Para el merengue
6 claras de huevo
75 g de azúcar extrafino

Para el sirope de azúcar
200 g de azúcar superfino
200 ml de anís u otro licor con sabor a anís

Para la crema de yema
635 ml de leche entera
2 vainas de vainilla, partidas a lo largo
10 yemas de huevos camperos grandes
150 g de azúcar extrafino
25 g de harina blanca
25 g de harina de maíz

Caliente el horno a 180 °C (gas potencia 4). Engrase y enharine un molde rectangular de 30 × 20 cm.

En una batidora de vaso, bata los huevos enteros, las yemas, el mazapán y el azúcar hasta obtener una crema suave y esponjosa. Incorpore la harina.

Para preparar el merengue, en un bol limpio, monte las claras y añada el azúcar poco a poco, batiendo hasta obtener una mezcla brillante. Incorpore esta mezcla con cuidado a la mezcla anterior.

Vierta la masa en el molde. Hornee 30-35 minutos, hasta que se dore y se note firme al tacto. Deje templar.

Para preparar el sirope de azúcar, derrita el azúcar con el anís y deje que burbujee hasta que quede un sirope ligero. Deje templar.

Para preparar la crema de yema, vierta la leche en un cazo junto con las vainas de vainilla y caliente hasta que empiece a humear pero sin hervir. Retire las vainas de vainilla y reserve.

En un cuenco mediano, mezcle las yemas y el azúcar con las harinas. Incorpore un tercio de la leche aromatizada con la vainilla, luego páselo al cazo con el resto de leche a la vainilla. Caliente la mezcla a fuego medio y remueva constantemente hasta que espese. Deje que burbujee un minuto, luego reserve para que se temple.

Abra el bizcocho por la mitad horizontalmente. Unte una mitad con el sirope de azúcar y con un soplete, caramelice uniformemente hasta que se dore. Extienda encima una cuarta parte del relleno y cierre a modo de sándwich con la otra mitad del bizcocho. Córtelo en rectángulos de 9 × 2 cm. Introduzca la crema en una manga pastelera con una boquilla redonda mediana y cubra cada pastelito con el resto de relleno para decorarlo. Sirva.

Para ser sincero, no tengo ni idea de dónde viene el nombre de Sara para esta receta. Ni siquiera mi amigo Enric lo sabe a ciencia cierta (aunque existen varias versiones), ¡y eso que este pastel lleva casi cien años elaborándose en su pastelería!

Me enamoré de este dulce al probarlo. ¿Sabe cuando al probar algo nuevo le trae buenos recuerdos? Esto es lo que me pasó con la Sara de almendra. Me recuerda al pan con mantequilla con mucho azúcar que mi madre, Isabel, me daba para merendar de niño, ¡sabía mejor de lo que suena! Claro que estos pasteles son mucho más ricos.

Sara de almendra

Salen 16

Para el bizcocho
6 huevos
180 g de azúcar extrafino
150 g de harina blanca
2 cucharadas de harina de maíz
2 cucharadas de harina de almendra
raspadura de medio limón
½ cucharadita de levadura en polvo
200 g de almendras en tiras tostadas, para decorar

Para la crema
185 g de azúcar extrafino
125 g de yemas de huevo
250 g de mantequilla sin sal, a temperatura ambiente
1 cucharadita de pasta de vainilla

Para el sirope de azúcar
100 g de azúcar extrafino
70 ml de anís u otro licor con sabor de anís

Precaliente el horno a 180 °C (gas potencia 4). Engrase y enharine un molde rectangular de 30 × 20 cm.

Para preparar el bizcocho, bata los huevos con el azúcar hasta que queden ligeros y esponjosos y se distinga el rastro de las varillas. En otro bol, tamice las harinas e incorpórelas a la mezcla de huevo poco a poco. Agregue la raspadura de limón y la levadura.

Con cuidado, vierta la mezcla en el molde y hornéela 25 minutos hasta que suba y se dore. Deje templar 10 minutos en el molde y luego vuelque el bizcocho sobre una rejilla para que se acabe de enfriar.

Para la crema, ponga el azúcar y 75 ml de agua en un cazo y disuélvalo a fuego lento. Lleve a ebullición y cueza hasta que el termómetro para azúcar señale 114 °C (etapa de hilo corto). Ponga las yemas en la batidora de vaso y bata mientras incorpora el sirope de azúcar caliente. Siga batiendo hasta que la mezcla se enfríe por completo. Gradualmente, incorpore la mantequilla y la vainilla hasta obtener una cobertura mantecosa lustrosa.

Disuelva el azúcar con el anís y hágalo burbujear hasta obtener un sirope ligero. Déjelo templar.

Corte los bordes irregulares del bizcocho y luego córtelo en porciones rectangulares de 9 × 2 cm. Brevemente moje la parte superior de cada porción en el sirope de azúcar y luego dispóngalas sobre una rejilla. Extienda la cobertura por encima y por los lados del bizcocho, recúbralos con almendras en tiras y sirva.

Las orejitas deben su nombre a su forma y son muy parecidas a los coquillos extremeños.

Es una verdadera lástima que algo tan maravilloso resulte tan difícil de encontrar hoy. Vale, ya sé que en parte puede deberse a que se trata de dulces fritos, y posiblemente no muy saludables, pero ¡venga ya! Hay que tomárselo como un capricho o algo para acompañar el cortado. Si lo suyo es el té, tal vez acabe de dar con la pasta perfecta para acompañarlo.

Me gustaría que intentara elaborar esta sabrosa receta de orejitas. ¡Me las comería todas!

Orejitas de miel y anís

Salen 7

250 g de harina blanca, y más para espolvorear
20 g de levadura en polvo
raspadura fina de 1 limón
1 cucharadita de canela molida
25 g de mantequilla sin sal, a temperatura ambiente
20 g de azúcar extrafino, y más para espolvorear
una buena pizca de sal
1 huevo
110 ml de leche entera
1,5 litros de aceite vegetal, para freír

Para el sirope
200 g de miel
100 ml de anís u otro licor con sabor a anís

Ponga la harina, la levadura, la raspadura de limón y la canela en un cuenco con la mantequilla, el azúcar y la sal. En otro cuenco, mezcle el huevo con la leche. Añada la mezcla de harina y forme una pasta. Amásela 10 minutos hasta obtener una masa suave y elástica.

Enharine ligeramente una bandeja de horno. Divida la masa en 7 porciones de 60 g, forme bolas con ellas y dispóngalas en la bandeja para dejarlas reposar en un lugar cálido, tapadas con papel film ligeramente untado en aceite durante 1 hora y 15 minutos o hasta que doblen su tamaño.

Mientras, prepare el sirope. Caliente la miel con el anís hasta obtener un sirope ligero. Manténgalo caliente.

Caliente el aceite en una sartén honda a 170 °C o hasta que al echar un dado de pan este se dore en 30 segundos. Extienda las bolas de masa hasta obtener discos tan finos como pueda. Fríalos de uno en uno durante 1-2 minutos, dándoles la vuelta, hasta que se doren y salgan burbujas. Escúrralos sobre papel de cocina y luego píntelos con el sirope caliente y dispóngalos sobre una rejilla colocada encima de una bandeja para recoger el sobrante. Espolvoree con azúcar y sirva.

Menús catalanes

Cocinar un festín con recetas catalanas para familiares y amigos puede resultar divertido si uno se planifica bien. Muchos platos pueden prepararse con antelación, lo cual evita el estrés de cocinar el día de la fiesta y le deja a uno tiempo para divertirse de verdad. He diseñado cuatro menús para empezar, para cuatro o seis invitados.

Menú 1

6 raciones

Croquetas de morcilla y manzana (p. 19)
Minihamburguesas de manitas de cerdo (p. 30)
Almejas a la plancha con aceite de oliva (p. 125)
Navajas con vinagreta de jamón y cava (p. 86)
Espinacas a la catalana (p. 167)
Fresas con vinagre de vermut (p. 199)
Helado de azafrán y piñones (p. 216)

Dos o más días antes

- Cocine las manitas de cerdo para las minihamburguesas y déjelas enfriar en su jugo.
- Prepare las salsas alioli y romesco, guárdelas en tarros y refrigérelas.
- Prepare el helado y congélelo en un recipiente.

El día anterior

- Prepare la mezcla para las croquetas y forme bolas, dispóngalas en una bandeja de horno forrada con papel vegetal y refrigere.
- Desmenuce las manitas de cerdo para preparar las hamburguesitas. Deles forma y refrigérelas.
- Prepare las navajas. Cuézalas al vapor y retire la carne. Póngalas en un bol, tápelo y refrigérelas.

El mismo día

- Caliente el aceite y fría las croquetas.
- Fría las minihamburguesas y móntelas.
- Cocine las espinacas.
- Cocine las almejas.
- Fría el jamón y prepare la vinagreta de cava; añada las navajas al jamón y caliéntelo todo.
- Marine las fresas.

Menú 2

4 raciones

Canelones de pollo (p. 60)
Cola de rape guisada con salsa de tomillo limonero (p. 99)
Sorbete de clementina (p. 178)

Dos o más días antes

- Prepare el sorbete y congélelo en un recipiente.

El día anterior

- Prepare el relleno de carne y la bechamel para los canelones, póngalo en recipientes herméticos y refrigere.
- Si va justo de tiempo, puede preparar la salsa de tomillo limonero, conservarla en un recipiente hermético y refrigerarla, aunque es mejor hacerla el mismo día, si es posible.

El mismo día

- Rellene los canelones con la carne y póngalos en una fuente. Caliente la bechamel, viértala por encima y cocínelo al horno.
- Cocine la cola de rape.

Menú 3

6 raciones

Coliflor entera con salsa de anchoas (p. 112)
Fricandó de ternera con seta de pie azul y aceitunas negras (p. 49)
Crema catalana (p. 184)

El día anterior

- Prepare el fricandó. Deje enfriar en la cazuela y luego refrigérelo.
- Prepare la salsa de anchoa para la coliflor, guárdela en un recipiente hermético y refrigérela.
- Prepare la crema catalana y refrigérela.

El mismo día

- Recaliente la ternera en la cazuela 30-40 minutos.
- Caramelice la crema catalana y vuelva a refrigerarla durante al menos una hora.
- Ase la coliflor, corte y fría las hojas y caliente la salsa.

Menú 4

4 raciones

Pan con tomate (p. 170)
Carpacho de gambas (p. 104)
Bacalao a la llauna con espinacas y pimientos del piquillo (p. 77)
Pastelitos de avellana y ciruela (p. 196)

El día anterior

- Prepare los pastelitos, deje enfriar y guárdelos en un recipiente hermético.
- Marine los tomates para las gambas y déjelos en un lugar fresco toda la noche.

El mismo día

- Corte las gambas y monte el carpacho.
- Prepare el pan con tomate.
- Cocine el bacalao a la llauna.

Lugares para comer en Barcelona:

Bar La Plata
Chef Santino
Carrer de la Mercè, 28
08002 Barcelona
www.barlaplata.com

Tickets Bar
Chef Albert Adrià
Avinguda del Paral·lel, 164
08015 Barcelona
www.ticketsbar.es

Quimet & Quimet
Joaquim Pérez
Carrer del Poeta Cabanyes, 25
08004 Barcelona

Faixat Pujadas Pastisser
Enric Christensen
Carrer de Muntaner, 159-161
08036 Barcelona
www.faixatpujadas.com

La Taverna del Clínic
Chef Toni Simôes
Carrer del Rosselló, 155
08036 Barcelona

El Suquet de l'Almirall
Chef Quim Marquès
Passeig de Joan de Borbó, 65
08003 Barcelona
www.suquetdelalmirall.com

El Quim de la Boqueria
Chef Quim Márquez
Mercat de la Boqueria
La Rambla, 91
08001 Barcelona
www.elquimdelaboqueria.com

La Cova Fumada
Josep Maria i Magí Solé
Carrer del Baluard, 56
08003 Barcelona

Lugares para comer fuera de Barcelona:

Restaurant Casa de Fusta
Chef Elisabet Bo i Escala
Partida L'Encanyissada, s/n
43870 Amposta, Tarragona
www.restaurantcasadefusta.com

El Rebost de la Cartoixa
Chef Pilar del Olmo
Rambla de la Cartoixa, 15
43379 Scala-Dei, Tarragona
www.elrebostdelacartoixa.com

Restaurant Miramar
Chef Paco Pérez
(2 estrellas Michelin)
Passeig Marítim, 7
17490 Llançà, Girona
www.restaurantmiramar.com

La Tancada
Parcela 83, Polígon 78
Carretera Sant Carles de la Ràpita - Salines, s/n
43870 Amposta, Tarragona

El Celler de Can Roca
Chef Joan Roca
(3 estrellas Michelin)
Carrer de Can Sunyer, 48
17007 Girona
www.cellercanroca.com

VETERANO
CARLOS III
CUTTY SARK
BLENDED SCOTCH WHISKY
LICOR
TRIPLE
Magno
J&B
RARE
BLENDED SCOTCH WHISKY
SOBERANO
Ron
Pujol
VICENTE BOSCH
BADALONA
Caballero
43
TORRONS I DOLÇOS
Planelles - Donat

Agradecimientos

Este libro no hubiera sido posible sin la ayuda directa e indirecta de muchas personas.

Gracias a todo el equipo de trabajo: Kate Pollard, por conseguir que fuera posible. A Lizzie Kamenetzky por tu ayuda a la hora de desarrollar y probar las recetas, ¡y tu enorme paciencia! A Laura Edwards y Kendal Noctor por su don visual, su gran ojo y sensibilidad con la luz y las sombras, y el color: ¡captáis las mejores fotografías! También a Polly Webb-Wilson por el genial estilismo, a la diseñadora Clare Skeats y al ilustrador Stephen Smith. Gracias a Cristina y Ramon Paricio por su confianza.

A Zoraida Martínez por facilitarme la vida.

Un especial agradecimiento para la Delegación del Govern de Catalunya en el Reino Unido e Irlanda, y a la Oficina de Turismo de España.

A mis queridos amigos Eduardo de Felipe y Lara Viejo por toda su ayuda y el tiempo invertido en la investigación con nosotros. A los anfitriones más cálidos y buenos amigos, Gloria y Carlos, de Mas Rabiol: ¡tiene usted que dormir y comer allí algún día! A mi viejo amigo Enric de la Pastisseria Faixat Pujadas, mi pastelería favorita de Cataluña.

A Josep Cuní por compartir sus anécdotas y conocimiento de los lugares, la cultura y la historia de la región.

Mi enorme agradecimiento a Maruja Molina Calà y Florián Pi Romaní, que me trataron como si fuera de la familia. Gracias por vuestro tiempo, buena comida y conocimientos. A José Miguel Fábregas y Lola Hervàs, por pasearnos por el bonito delta del Ebro.

A los muchos restaurantes que visitamos, gracias por dedicar tiempo a cocinar para nosotros y con nosotros, en especial El Rebost de Cartoixa, y gracias en particular a Pilar del Olmo, Mercè Piñol y Fernando Piñol. Al Camping La Tancada, especialmente a Pepe Montañés y Josep y Xavier Montañés. Mi agradecimiento a la Casa de la Fusta, particularmente a Luis García y Elisabeth Bo. A los espectaculares mercados, con mención especial de la Boquería de Barcelona, uno de mis preferidos desde siempre: gracias en particular a Oscar Ubide.

Y a Quico Cost, por conservar Cala Estreta impecable.

A todos los equipos de los restaurantes: sois asombrosos, y os agradezco el trabajo que lleváis a cabo.

Acerca del autor

José Pizarro vive en el Reino Unido desde hace dieciocho años, tiempo en el que ha trabajado en algunos de los restaurantes españoles más prestigiosos de Londres, como Eyre Brothers, Brindisa y Gaudi.

Es propietario de cuatro restaurantes en Londres: José, Pizarro, José Pizarro y Little José, que abrió sus puertas en 2017.

En 2014 José fue votado uno de los «100 Españoles», premio de gran prestigio que se otorga a los mejores cien españoles de todo el mundo, por cómo han hecho llegar su talento al público y cómo han dado testimonio de los valores más importantes del país a través de su trabajo.

Índice

Q

R

S

T

Nota en relación con las temperaturas del horno: si utiliza usted un horno con ventilador, reduzca 20 °C (1 o 2 grados de potencia de gas) las temperaturas indicadas en las recetas.

La edición original de esta obra ha sido publicada en Reino Unido en 2017 por Hardie Grant Books con el título

Catalonia. Recipes From Barcelona and Beyond

Traducción del inglés: Gemma Fors

Diagonal, 402 – 08037 Barcelona
www.cincotintas.com

Impreso en China
Depósito legal: B 9626-2018
Código IBIC: WBN

ISBN 978-84-16407-49-1